D1100672

Peter Moore:
y Gwaethaf o'r Gwaethaf

DYFED EDWARDS

y Lolfa

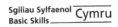

 **CYNGOR LLYFRAU CYMRU**

ISBN: 978 184771114 4

Mae'r cynllun Stori Sydyn yn fenter ar y cyd rhwng Sgiliau Sylfaenol Cymru a Chyngor Llyfrau Cymru. Ariennir y llyfrau gan Sgiliau Sylfaenol Cymru fel rhan o Strategaeth Genedlaethol Sgiliau Sylfaenol Cymru ar ran Llywodraeth Cynulliad Cymru.

Argaffwyd a chyhoeddwyd gan
Y Lolfa, Talybont, Ceredigion SY24 5AP.
gwefan www.ylolfa.com
e-bost ylolfa@ylolfa.com

DIOLCHIADAU

MAE'R MWYAFRIF O'R WYBODAETH yn y llyfr yma wedi dod o adroddiadau papur newydd, a dwi am ddiolch i'r cyhoeddiadau sydd wedi cael eu dyfynnu yma.

Diolch hefyd i Gwyn Roberts, cyn-CID Heddlu Gogledd Cymru ac i Gareth Hughes, cyn-ohebydd y *Daily Post*, am ei gymorth gyda'r bennod 'Y Dyn Mewn Du'.

A diolch mawr i Marnie, am y byd i gyd.

Dwi hefyd am dynnu'ch sylw chi at y llyfr *Fitted In: The Cardiff 3 And The Lynette White Inquiry* gan Satish Sekar. Mae'n llyfr arbennig sy'n adrodd hanes achos Lynette White, y frwydr i ennill cyfiawnder i Dri Caerdydd, a'r ymdrechion i sicrhau bod llofrudd Lynette yn cael ei ddal. Mae llawer o'r wybodaeth sydd yn y bennod 'Bai Ar Gam' wedi deillio o'r llyfr *Fitted In*. Mi faswn i'n eich annog, hefyd, i ymweld â'r wefan www.fittedin.com, safle Gwe 'The Fitted In Project'.

Dyfed Edwards

Y DYN MEWN DU

achos Peter Moore

Y CYMERIADAU

*Y pedwar dyn roedd yr heddlu'n gwybod
i Moore eu lladd*

Henry Roberts o Gaergeiliog, Ynys Môn
Keith Randles, yn byw yng Nghaer, ond yn gweithio ar y pryd yn Ynys Môn
Anthony Davies o Lysfaen, yn agos i Fae Colwyn
Edward Carthy o Benbedw, a laddwyd yng nghoedwig Clocaenog, sydd rhwng Rhuthun a Cherrigydrudion

Pobl Dyffryn Conwy

John Higgins, ffermwr
Robert Gavin, cyn-filwr gafodd gweir gan Moore
Glanhawr yn mynd drwy Glan Conwy
Bob Owen, adeiladwr o bentre Tŷ'n y Groes
Edward Barros, oedd ar ei wyliau yn Nyffryn Conwy

7

Huw Griffith, gafodd ei barlysu gan ymosodiad Moore

Hugh Watson, hen ŵr o ardal Llanrwst gafodd ei drywanu â phicwarch a'i losgi

Yn y llys

Eric Somerset Jones, dros Peter Moore
Alex Carlile, QC, dros y Goron
Meistr Ustus Kay, y Barnwr

1.

MAE Peter Moore yn ddyn peryglus. Lladdodd bedwar o ddynion yng ngogledd Cymru yn 1995 ac ymosod ar ddwsinau o ddynion eraill dros gyfnod o 20 mlynedd. Hefyd, cafodd ei holi ynglŷn â mwy na 50 o ddynion oedd wedi diflannu.

Mae Moore yn llofrudd enwog. Yn Rhagfyr 2006, cyhoeddodd y Swyddfa Gartref enwau 35 llofrudd fydd yn y carchar am byth. Mae enw Peter Moore ar y rhestr hon.

Mae sawl enw amlwg iawn ar y rhestr.

Ian Brady, er enghraifft, 'Llofrudd y Moors'. Cafodd ei garcharu yn 1966 am lofruddio tri o blant a'u claddu nhw ar Saddleworth Moor, ger Oldham. Roedd gan Brady ddiddordeb mewn creulondeb a byddai'n darllen llyfrau'r Marquis de Sade a'r athronydd Friedrich Nietzche. Roedd yn credu bod gan 'greaduriaid uwch' yr hawl i reoli a dinistrio creaduriaid gwan. Mae Brady yn cael ei gadw yn Ysbyty Arbennig Ashworth, yn Lerpwl, ac yno y bydd o tan ei farwolaeth. Y fo oedd cariad Myra Hindley ac roedd hithau'n euog o lofruddio dau o'r plant. Buodd Myra Hindley farw yn y carchar yn 2002.

Mae Dennis Nilsen yn enw arall sydd ar y rhestr. Cafodd ei garcharu yn 1983 wedi iddo ladd o leia 15 o ddynion a bechgyn yn ei fflat yng ngogledd Llundain. Ar ôl eu lladd, byddai'n malu'r cyrff yn ddarnau. Pan oedd yn blentyn, roedd mam a llys-dad Nilsen wedi dweud wrth y bachgen ifanc nad oedd y cnawd yn bur.

Un arall ar y rhestr yw Donald Neilson. Lladdodd o Lesley Whittle, 17 oed, a thri is-bostfeistr. Cafodd ei garcharu am oes yn 1976 a'i ddisgrifio gan y wasg fel y Panther Du am ei fod yn gwisgo balaclafa du wrth ladd. Yn 2008 apeliodd Neilson yn erbyn y penderfyniad i'w garcharu am weddill ei oes ond cafodd ei apêl ei gwrthod.

Mae un wraig ar y rhestr, sef Rosemary West. Cafodd hi ei charcharu yn 1995 wedi iddi lofruddio 10 o ferched ifanc yng Nghaerloyw. Roedd hi'n lladd gyda'i gŵr, Fred West. Mae hi yn yr un categori â'r dynion ar y rhestr ac yn cael ei hystyried yn berson ffiaidd gan gymdeithas yn gyffredinol.

Ac mae Peter Moore o Fae Cinmel, Sir Ddinbych, ar yr un rhestr â'r bobl hyn.

Ond pwy ydi'r dyn yma sy'n cael ei osod ochr yn ochr ag Ian Brady a Dennis Nilsen? Pwy ydi'r dyn gafodd ei alw'n un o'r bobl mwya peryglus erioed i ddod i fyw i ogledd Cymru?

2.

CAFODD PETER MOORE EI eni ar 19 Medi 1946 yn St Helens, Sir Gaerhirfyn. Ef oedd unig fab Edith ac Ernest Moore. Symudodd y teulu i Fae Cinmel pan oedd Moore yn chwech oed, a daeth Mr a Mrs Moore yn gyfrifol am Neuadd y Farchnad yno. Roeddent hefyd yn cadw siop nwyddau haearn yn y dre. Cafodd Moore ei addysg yn Ysgol Gynradd Towyn ac yna yn Ysgol Uwchradd Fodern Dinorben yn Abergele. Roedd e'n fachgen hawddgar ac yn ymddwyn yn dda yn yr ysgol.

Yn y cyfamser, roedd Neuadd y Farchnad yn lle prysur ac yno roedd llyfrgell. Byddai dawnsfeydd a phartïon priodas yn cael eu cynnal yn y neuadd. Roedd yno hefyd glinig i fabanod a byddai plant yn dod yno i chwarae. Roedd y Moores yn gofalu am le oedd yn boblogaidd dros ben.

Ond yn 1981 bu farw Ernest Moore, a Peter Moore rŵan oedd rheolwr y siop nwyddau haearn. Roedd wrth ei fodd gyda byd y ffilm, ac roedd am agor sinema. Felly penderfynodd

11

droi'r adeilad yn siop fideos. Byddai sêls cist car yn cael eu cynnal yn Neuadd y Farchnad, ac yn ddiweddarach dechreuodd y teulu logi'r adeilad ar gyfer gwerthu carpedi, teils, ac yn ystafell i gynnal ocsiwn.

Yn 1990, daeth breuddwyd Moore yn wir ac agorodd ei sinema gynta ym mhentre Bagillt. Yn fuan wedyn fe agorodd sinema'r Focus Empire yng Nghaergybi, ac yna achubodd y Futura yn Ninbych rhag cael ei chau. Roedd pethau'n ymddangos yn llewyrchus iawn i'r teulu.

Ond yn 1994 daeth tristwch i fywyd Peter Moore pan fuodd ei fam, Edith, farw yn 80 oed. Cafodd hyn effaith fawr arno ac yn ôl rhai pobl oedd yn adnabod Moore yn dda, newidiodd yn llwyr wedi marwolaeth ei fam. Dywedodd Howard Wiseman, dyn busnes o'r Rhyl, wrth y wasg yn 1996, 'Roedd Peter yn ddyn swil, a ddim yn siaradus iawn. Er ei fod yn gwrtais wrth ei gwsmeriaid, eto i gyd roedd hi'n anodd iawn dod i'w nabod.' Ar ôl marwolaeth ei fam, aeth Peter Moore yn fwy ac yn fwy tawel. Fe aeth i'w gragen, meddai Mr Wiseman.

Rhyw flwyddyn yn ddiweddarach, ar 19 Medi 1995, ar ddydd ei ben-blwydd yn 49 oed, fe aeth Peter Moore i siop arfau Reg Gizzi yn y Rhyl. Roedd Moore yn gwsmer cyson yn Fieldsports Equipe. Roedd o eisoes wedi prynu tortsh fawr a phastwn plismon hen-ffasiwn. Ond y diwrnod hwnnw prynodd Moore gyllell werth £25. Dywedodd Mr Gizzi wrth y *Weekly News* iddo werthu sawl cyllell debyg cyn hynny: 'Cyllell Fairburn Sykes Commando o'r Ail Ryfel Byd oedd hi, ac mae casglwyr yn gwybod yn iawn amdani.' Dywedodd Mr Gizzi fod casglu cyllyll o'r fath yn 'gwbl ddiniwed a diddorol' a bod y llafnau yn 'bethau tlws yn eu ffordd eu hunain'. 'Mae gan nifer o bobl ddiddordeb ynddyn nhw,' meddai, 'a doeddwn i ddim yn meddwl fod unrhyw beth o'i le pan werthais i'r gyllell iddo.'

Yn y cyfnod hwn, roedd gwaith caled Moore yn achub sinemâu a gwneud busnes ohonyn nhw yn tynnu sylw'r wasg. Roedd e'n mwynhau'r sylw, ac yn barod iawn i siarad â gohebwyr pan oedden nhw'n sgrifennu amdano yn y wasg leol. Ac fe wnaeth Moore argraff ar y newyddiadurwyr. 'Roedd Moore yn union fel roeddwn i wedi disgwyl,' meddai Dave Jones, gohebydd gyda'r *Vale Advertiser*, papur lleol yn ardal Dinbych. Aeth Dave Jones i'r Futura yn Ninbych pan oedd Moore ar fin prynu'r sinema. Mewn erthygl yn Rhagfyr 1996, dywedodd Dave Jones fod Moore 'ychydig yn rhyfedd i edrych arno, ond yn ddigon cyfeillgar. Roedd yr awyrgylch yn od ac mae'n rhaid i mi gyfadde 'mod i'n teimlo braidd yn annifyr.' Aeth Dave Jones ymlaen i ddweud, 'Siaradais efo Moore am ei sinema yng Nghaergybi. Dyna lle cefais i fy ngeni. Dywedodd Moore y byddai croeso i mi gael lifft ganddo o Sir Fôn pe bawn i'n teithio yn ôl i Ddinbych yr un pryd â fo.' Doedd Dave Jones ddim yn credu y byddai byth yn derbyn y cynnig hwn.

Aeth Mary Garner, gohebydd profiadol gyda'r *Caernarfon & Denbigh Herald* ym Mhorthmadog, i gyfarfod â Peter Moore ar 11 Rhagfyr 11 1995. Cafodd hi a ffotograffydd lleol o'r enw Nigel Hughes wahoddiad gan Moore i fynd i hen sinema'r Empire ym Mlaenau Ffestiniog gan fod y sinema'n ailagor ar 15 Rhagfyr. Gwahoddiad oedd hwn i Mary Garner a Nigel Hughes weld yr adeilad cyn yr agoriad swyddogol. Ac wrth gwrs, buon nhw'n holi Peter Moore ynglŷn â'i gynlluniau ar gyfer y sinema.

Ar y pryd roedd Heddlu Gogledd Cymru yn chwilio am lofrudd tri o ddynion. Doedd yna neb yn meddwl mai Peter Moore, dyn busnes adnabyddus, oedd wedi lladd y dynion. Roedd ar fin dechrau menter newydd ym Mlaenau Ffestiniog ac aeth Mary Garner a Nigel Hughes i'w gyfarfod heb unrhyw syniad o'r hyn fyddai'n digwydd dros y misoedd wedyn. 'Roedd e'n gyfeillgar,' meddai Mary Garner mewn erthygl

14

ym mhapurau'r *Herald* yn 1996. 'Roedd o hefyd yn siarad yn frwdfrydig am y prosiect pan sgwrsiais i efo fo ar y ffôn o'i gartref ym Mae Cinmel yng Ngorffennaf 1995. Eto, roedd yna rywbeth amdano oedd yn gwneud i mi a Nigel Hughes deimlo'n anghyffyrddus. Roedd o'r math o berson y byddai'n well i chi ei gadw hyd braich. Dyna fel roedd y ddau ohonon ni'n teimlo. Fyddwn i ddim yn hapus yn mynd i'w gyfarfod ar fy mhen fy hun.'

Mae'n siŵr bod Peter Moore wir yn dymuno agor y sinema ym Mlaenau Ffestiniog, ond agorodd hi ddim. Yr esgus oedd fod problemau gyda'r taflunydd a bod yn rhaid ei anfon i Firmingham i gael ei drin. Y gwir reswm pam na chafodd y sinema ei hagor oedd fod Peter Moore wedi cael ei arestio ar 21 Rhagfyr ac ar y pryd, roedd yn cario cyllell. Roedd Moore rŵan yn wynebu trafferthion gwaeth o lawer na thaflunydd nad oedd yn gweithio.

3.

Llwyddodd Peter Moore i osgoi'r heddlu am flynyddoedd. Roedd o wedi bod yn ymosod ar ddynion am dros 20 mlynedd. Broliodd ei fod yn gallu llithro heibio i'r heddlu a'i fod wedi sleifio drwy'r rhwystrau ar y ffordd sawl gwaith. 'Un tro roedd y ffordd wedi'i chau o'r ddau gyfeiriad, ond llwyddais i fynd trwyddo. Roeddwn i'n dda iawn am eich osgoi chi, wyddoch chi,' meddai Moore wrth yr heddlu.

Stopiodd yr heddlu gar yn ardal Gwydyr, yn Nyffryn Conwy unwaith. Disgleiriodd yr heddlu fflachlamp i mewn i'r car er mwyn i'r heddlu gael golwg ar y gyrrwr. Roedden nhw'n chwilio am ddyn a oedd wedi ymosod ar ddyn arall y noson honno. Yn 1995 cyfaddefodd Moore mai fo oedd yr ymosodwr. Ond ar y pryd doedd yr heddlu'n amau dim ac ar ôl disgleirio'r fflachlamp arno, fe gafodd fynd ymlaen ar ei daith. 'Roedd person arall efo fi yn y car,' meddai Moore wrth yr heddlu ar ôl cael ei arestio yn 1995, 'a dw i'n cymryd bod yr heddlu ar y pryd yn chwilio am yrrwr ar ei ben ei hun.'

16

Ac felly, am 20 mlynedd roedd Peter Moore yn rhydd, yn crwydro Dyffryn Conwy ac yn ymosod ar ddynion fel y mynnai.

4.

ROEDD ROBERT GAVIN WEDI bod yn y fyddin yn ystod yr Ail Ryfel Byd, ac wedi gweld pethau dychrynllyd. Ond ym mis Hydref 1985, digwyddodd rhywbeth erchyll iddo fo.

Roedd Mr Gavin dros ei 60 oed ar y pryd ac wedi bod yn gweld ffrindiau ym Mhenmaenmawr. Bryd hynny, roedd e'n byw yng Nghonwy, rhyw bedair milltir i ffwrdd ac er ei bod hi'n dywyll, dechreuodd gerdded adre. Dechreuodd hi fwrw glaw yn drwm iawn ac er mwyn mynd allan o'r glaw, aeth i mewn i garej wag.

'Roedd hi'n dywyll,' meddai Mr Gavin wrth y *Weekly News* yn 1996, 'a doedd yna neb yno ond y fi.' Yna clywodd sŵn car yn dod tuag at y garej ac aeth allan i gael gair efo'r person oedd yn gyrru'r car. Daeth rhywun tuag ato trwy'r tywyllwch a chyn iddo allu amddiffyn ei hun, gwelodd bastwn y dyn dieithr yn disgyn.

'Dechreuodd fy nharo i, a dyna ni. Dw i'n cofio dim. Roeddwn i'n anymwybodol am tua hanner awr,' meddai Mr Gavin, oedd yn byw mewn cartre hen bobl yn Llandudno pan gafodd ei gyf-weld gan y papur yn 1996. Pan ddaeth Mr Gavin ato'i hun roedd yr ymosodwr wedi diflannu.

'Roeddwn i'n lwcus,' meddai. Byddai Mr Gavin wedi cael ei ladd oni bai bod rhywun wedi styrbio'i ymosodwr. Roedd ganddo anafiadau difrifol. Dangosodd yr heddlu luniau iddo o waliau'r garej lle bu'r ymosodiad. Roedd y waliau wedi'u gorchuddio â gwaed, meddai Mr Gavin wrth y *Weekly News*.

Flwyddyn ar ôl yr ymosodiad ar Mr Gavin, cafodd dyn arall ei anafu'n ddifrifol.

Roedd Huw Griffith yn byw yn Nolgarrog ac yn yrrwr wagen fforch godi (*fork-lift truck*) gyda chwmni cynhyrchu alwminiwm yn Nolgarrog, Dyffryn Conwy. Ar ôl cael peint mewn tafarn yng Nghonwy, rhoddodd ffrind lifft nôl iddo i gyfeiriad Dyffryn Conwy. Neidiodd o'r car a dweud nos da wrth ei ffrind yng Nghaerhun, rhyw ddwy filltir o'i gartre. Roedd hi'n noson dywyll ym mis Tachwedd a dechreuodd gerdded i gyfeiriad Dolgarrog.

'Cefais ergyd ar gefn fy mhen,' meddai Mr Griffith mewn cyfweliad 10 mlynedd ar ôl y digwyddiad. Pan ddaeth ato'i hun ar ôl yr ymosodiad, roedd o wedi'i anafu'n ddrwg iawn ac wedi'i barlysu o'i wddw i lawr. Allai o ddim siarad yn dda iawn oherwydd yr ergyd ar ei ben.

Cyn yr ymosodiad roedd e'n ddyn iach, ond wedi'r digwyddiad roedd e'n anabl ac roedd yn rhaid iddo gael gofal arbenigwyr. Roedd e'n byw mewn cartre preswyl ger Bae Colwyn pan sgwrsiodd efo'r wasg a buodd yn rhaid iddo gael help gofalwyr i siarad â'r gohebydd papur newydd.

Dros gyfnod o 14 mis, rhwng mis Medi 1985 a mis Tachwedd 1986, fe ymosodwyd ar chwech o ddynion yn ardal Dyffryn Conwy.

Ffermwr o'r enw John Higgins oedd y cynta i ddiodde. Roedd e'n cerdded ar hyd yr A5 ger Betws-y-Coed ar y pryd pan ymosododd rhywun arno a'i daro dros ei ben gyda bar haearn.

Robert Gavin oedd yr ail i gael ei guro'n anymwybodol.

Glanhawr oedd y trydydd i ddiodde. Roedd yn mynd drwy Glan Conwy ar ei feic ym mis Mawrth 1986 pan gafodd ei daro oddi ar ei feic a'i lusgo ar draws y lôn. Cafodd ei guro'n greulon gyda phastwn a threuliodd y noson yn yr ysbyty.

Dau fis wedyn, ymosodwyd ar Bob Owen, adeiladwr o bentre Tŷ'n-y-groes yn Nyffryn Conwy. Neidiodd oddi ar y bws yn y pentre am 10.45 p.m. ar ôl bod yn Llandudno am y diwrnod. Sylwodd fod car wedi'i barcio i lawr lôn gul. Wedyn mae'n cofio cael ei golbio ar gefn ei ben a'r ymosodwr yn ceisio plannu cyllell yn ei gorff. Ymladdodd Mr Owen gyda'r dyn a llwyddo i osgoi cael ei ladd. Ond cafodd 50 pwyth yn ei ben wedi'r ymosodiad.

Y pumed dyn i ddiodde oedd Edward Barros. Yn Awst 1986 roedd ar ei wyliau yn yr ardal pan ymosododd rhywun arno ger Tŷ'n-y-groes. 'Roeddwn i'n meddwl y byddwn yn cael fy lladd,' meddai ar y pryd.

Dri mis yn ddiweddarach parlyswyd Huw Griffith, y gyrrwr wagen fforch godi. Yna gwelodd yr heddlu fod cysylltiad rhwng yr holl ymosodiadau. Yr un dyn oedd wedi ymosod ar y chwech dyn yn Nyffryn Conwy ag oedd wedi ymosod ar y dynion eraill. Felly, roedden nhw'n chwilio am un dyn peryglus dros ben a'r dyn hwn oedd wedi bod yn ymosod ar ddynion ers diwedd yr 1970au. Aeth 40 o blismyn ati i chwilio am y dyn dieflig hwn. Y syndod yw na chafodd Peter Moore ddim ei ddal am 10 mlynedd arall. Roedd geiriau Robert Gavin yn hollol gywir. Roedd y dyn oedd wedi ymosod arno'n benderfynol o'i ladd. Ac fe fyddai wedi lladd onibai bod rhywun wedi'i styrbio. Ymhen 10 mlynedd byddai Peter Moore wedi lladd pedwar dyn ac wedi ceisio lladd llawer mwy.

5.

HENRY ROBERTS OEDD Y cynta i farw. Ar 27 Medi 1995 daeth ffrind o hyd i'w gorff yn iard ei gartre ger Caergeiliog, Ynys Môn. Roedd yn hen lanc 56 mlwydd oedd yn byw ar ei ben ei hun ar fferm rhwng y Fali a Chaergeiliog ar yr A5. Roedd y tŷ mewn cyflwr gwael ond doedd Mr Roberts ddim yn brin o arian. Doedd ganddo ddim brawd na chwaer a phan fuodd ei fam farw yn 1986 Henry Roberts gafodd y fferm. Doedd ganddo ddim llawer o ffrindiau ac roedd rhai'n dweud ei fod yn hoyw. Roedd yn cymryd diddordeb mawr mewn paraffernalia Natsïaidd ac roedd sawl eitem ganddo yn ei gartref. Diddordeb arall oedd ei radio CB a'i ffugenw oedd 'Ratcatcher'. Byddai'n mynd i dafarn y Sportsman yng Nghaergeiliog i yfed, ac yn bwyta yn y Crown yng Nghaergybi. Ond ar wahân i gael sgwrs gyda hwn a'r llall yn y mannau hynny, fyddai o ddim yn cymysgu llawer gyda neb arall.

Nos Lun, 25 Medi, gadawodd Mr Roberts y Crown am 6.30 p.m. ac aeth i siop bapur newydd

Chadwick's i brynu tocyn loteri. Yna, aeth adre ac yno cafodd ei drywanu drwy'i galon.

Ar 27 Medi, fe aeth Thomas Wright i dafarn y Sportsman. Doedd Mr Roberts ddim wedi bod yn y dafarn ers dwy noson ac roedd y perchennog a phobl y dafarn yn poeni nad oedden nhw wedi'i weld. Penderfynodd Mr Wright, oedd yn eitha eitha cyfeillgar gyda Mr Roberts, fynd i'w gartref i weld a oedd rhywbeth yn bod. Dim ond rhyw hanner milltir o'r dafarn oedd y fferm. Pan gyrhaeddodd fe gafodd sioc. Roedd corff Mr Roberts yn gorwedd ar ei wyneb yn iard y fferm ag anafiadau cyllell dros ei gorff. Dechreuodd Mr Wright grïo ac aeth ar frys yn ôl i'r dafarn. Ffoniodd rhywun yr heddlu.

Dywedodd Mr Wright wrth yr *Holyhead Mail*, 'Er bod Henry Roberts yn ddyn unig, fe fyddai'n sgwrsio gyda'r hogiau a bydd hi'n rhyfedd iawn yn y dafarn hebddo fo.'

Cafodd y gymuned i gyd eu dychryn gan y llofruddiaeth. Roedd Mary Griffiths, postfeistres Caergeiliog, yn nabod Mr Roberts. Roedd hi wedi cael braw. Pentref tawel oedd Caergeiliog ac roedd hi'n anodd credu bod y fath beth wedi digwydd yno.

'Rydych chi'n clywed am bobl yn cael eu lladd ac am bethau dychrynllyd eraill ar y newyddion, ond pan mae o'n digwydd yn eich pentre chi'ch hun, mae wir yn sioc,' meddai wrth yr *Holyhead Mail*.

Aeth 60 plismon ati i chwilio am lofrudd Mr Roberts ac, yn bwysig iawn, am y gyllell gafodd ei defnyddio. Daeth deifwyr o Heddlu Sir Gaerhirfryn i chwilio'r afonydd ac aeth yr heddlu lleol drwy'r caeau cyfagos gyda chrib mân.

Roedd hi'n bosib mai lleidr oedd wedi lladd Mr Roberts ac mai chwilio am arian oedd o. Eto, roedd Mr Roberts wedi cael ei ladd cyn iddo gyrraedd y tŷ.

Ffeindiodd yr heddlu lawer o bres yn y tŷ. Roedd gan Mr Roberts swm mawr o arian yn ei boced pan fyddai'n mynd allan i'r dafarn. Byddai bob amser yn talu am y rownd gynta gyda phapur £5, £10, neu £20. Pan fyddai'n barod i brynu ail rownd, fe allech feddwl y byddai'n defnyddio arian mân, sef newid y rownd gyntaf. Ond na. Byddai'n talu unwaith eto gyda phapur £5, £10, neu £20. Roedd nifer yn gwybod bod gan Mr Roberts ddigon o arian. Gallai hyn fod wedi temtio lleidr.

Hefyd roedd sawl car a fan dieithr wedi bod o gwmpas y fferm ddau ddiwrnod cyn i Thomas Wright ddod o hyd i'r corff. Oedd car y llofrudd yn eu mysg? Roedd gan yr heddlu ddiddordeb mawr mewn fan Transit oedd wedi'i pharcio â'i phen blaen yn iard Mr Roberts.

Dair wythnos ar ôl y llofruddiaeth arestiwyd dyn 21 oed. Cafwyd hyd iddo mewn tŷ ym Mhontypridd ac aeth yr heddlu ag o i Gaergybi er mwyn ei holi. Cafodd ei gadw yn y ddalfa am 71 awr ond yna cafodd fynd yn rhydd.

Roedd y llofrudd yn dal o gwmpas o hyd a doedd gan neb syniad pwy oedd. Yn naturiol roedd ofn ar bobl Caergeiliog ac Ynys Môn. Ar 30 Tachwedd, daethpwyd o hyd i gorff arall. Roedd y problemau'n mynd yn fwy ac yn fwy dyrys.

6.

Dyn od, gwahanol oedd Henry Roberts. Ond roedd Keith Randles yn ddyn normal, yn boblogaidd iawn, yn dad i dri o blant, ac yn daid.

Roedd yn byw yng Nghaer, yn 49 oed ac yn swyddog gofal traffig efo cwmni o Ellesmere Port. Dyma'r cwmni oedd yn gyfrifol am y traffig pan oedd gwaith ffordd ar yr A5 ger Mona ac roedd Mr Randles yn byw mewn carafán yn Ynys Môn am wyth wythnos. Roedd wedi gwahanu oddi wrth ei wraig ac yn mynd yn gyson i Ellesmere Port i weld ei wyrion, sef plant ei ferch. Ar 29 Tachwedd, siaradodd efo'i ferch, Lisa Jones, ar y ffôn am 9 p.m. Am 9.30 p.m. fe aeth i'r Fali i nôl pysgodyn a sglodion i swper ac yna mynd nôl i'r garafán. Yno cafodd ei ladd.

Daethpwyd o hyd i gorff Keith Randles am 7.30 a.m. y bore wedyn. Roedd wedi cael ei drywanu 12 gwaith. Roedd anafiadau ar ei wyneb ac ar ei gefn ac fe ffeindiodd yr heddlu waed ar ddrws y garafán. Fe welodd yr heddlu bod recordydd fideo, wats a ffôn symudol ar goll. Ac felly roedden nhw'n credu mai lleidr laddodd Keith Randles. Roedd dyn ar ei ffordd o'i waith yng Nghaergybi am 2.45 a.m. wedi sylwi ar fan Ford Transit wrth ymyl y safle.

Unwaith eto roedd y bobl leol wedi cael eu dychryn. Dywedodd Geraint Williams, landlord Tafarn y Rhos, Rhostrehwfa, ger Llangefni, fod Mr Randles yn dod yno'n gyson.

'Mi fyddai'n dod i mewn yn reit aml i gael peint neu damaid i'w fwyta, ac roedd e'n ddyn dymunol iawn, yn mwynhau cael sgwrs gyda phawb,' meddai wrth yr *Holyhead Mail*.

Dywedodd Maureen Bastabel, oedd yn cadw siop leol Bodffordd, fod y llofruddiaeth wedi dychryn y gymuned.

'Dyma beth ofnadwy. Mae rhywbeth fel hyn yn gwneud i ni holi ac amau ydi unrhyw un yn saff,' meddai wrth y wasg leol.

7.

YMHEN TAIR WYTHNOS WEDYN fe gafodd dyn arall ei lofruddio, sef Anthony Davies o Lysfaen, ger Bae Colwyn.

Dydd Sul, 17 Rhagfyr oedd hi a'r teulu gyda'i gilydd yng nghartref Mr Davies yn trafod beth fyddai'n digwydd dros y Nadolig. Roedd pawb hefyd yn sôn am Anti Anne, sef Anne Evans, oedd yn byw yn Abergele. Roedd hi wedi torri ei throed a'i phenelin yn gynharach yn y diwrnod. Felly roedd rhaid i Mr Davies fynd i Abergele i'w gweld hi. Cyn gadael, rhoddodd gusan i'w wraig Sheila.

'Cymra di ofal,' meddai Mrs Davies wrth ei gŵr.

'Fydda i ddim yn hir,' oedd ateb Mr Davies.

Gyrrodd i Abergele yn ei Ford Escort glas. Buodd gydag Anti Anne am ryw awr cyn gadael am 12.30 p.m.

Ond wnaeth Mr Davies ddim cyrraedd adref.

Am 4.30 p.m., dywedodd Mrs Davies wrth y teulu nad oedd ei gŵr wedi cyrraedd nôl yn Llysfaen. Penderfynodd ei frodyr fynd i chwilio amdano, ond chawson nhw ddim lwc. Felly roedd rhaid ffonio'r heddlu.

Am 6.30 y bore y diwrnod wedyn, cawson nhw hyd i gorff Mr Davies ar draeth Pensarn, lai na milltir o Abergele. Roedd ei gar wedi'i barcio yn y maes parcio. Roedd wedi cael ei drywanu. Byddai dynion hoyw'n arfer cyfarfod ar Draeth Pensarn ond doedd yna ddim tystiolaeth fod Mr Davies yn hoyw. Gwadodd ei wraig ei fod yn wrywgydiwr.

Yna, digwyddodd rhywbeth pwysig iawn. Ffoniodd dyn hoyw yr heddlu heb roi ei enw. Roedd hwn yn gam mawr yn yr achos ac yn dangos bod y gymuned hoyw'n barod i helpu'r heddlu. Dywedodd y dyn hoyw ei fod wedi cyfarfod rhywun ar draeth Pensarn a bod y dyn diarth wedi rhoi lifft iddo. Aeth efo'r dyn yma i dŷ ym Mae Cinmel. Mae Bae Cinmel yn agos i'r Rhyl a dim ond rhyw dair milltir o draeth Pensarn. Yno, meddai'r dyn hoyw wrth yr heddlu, wedi mynd i mewn i'r tŷ, cafodd ei gam-drin gan y dyn diarth.

Y cam nesa oedd fod yr heddlu wedi dod o hyd i'r fan Transit. Cwmni o Ddinbych oedd biau'r fan a dyn o Fae Cinmel oedd wedi'i llogi. Enw'r dyn oedd Peter Moore.

8.

Cafodd Peter Moore ei gyhuddo o lofruddio Keith Randles, Anthony Davies a dyn o'r enw Edward Carthy.

Cawson nhw hyd i gorff Mr Carthy ar 23 Rhagfyr yng Nghoedwig Clocaenog, sydd rhwng Rhuthun a Cherrigydrudion. Roedd Peter Moore wedi herio'r heddlu drwy ddweud, 'Dach chi ddim wedi dod o hyd i'r nesa eto.' Y nesa, wrth gwrs, oedd Edward Carthy, a Peter Moore ddywedodd wrth yr heddlu lle roedd o.

Roedd Moore ac Edward Carthy wedi cyfarfod yn Paco's Bar yn Lerpwl ym mis Hydref 1996. Dyma'r bar lle roedd dynion hoyw yn arfer cyfarfod. Roedd Mr Carthy, o Benbedw, yn defnyddio cyffuriau ac roedd o hefyd yn alcoholig.

Gofynnodd Mr Carthy, 28 oed, am lifft adre o Lerpwl i Benbedw. Moore ddywedodd hyn wrth yr heddlu. Ond stopiodd o ddim ym Mhenbedw. Gyrrodd Moore yn ei flaen ac er i Mr Carthy geisio neidio o'r car ddwywaith, lwyddodd o ddim. Gyrrodd Moore i ogledd

Cymru trwy'r Wyddgrug a Rhuthun. Gyrrodd dros Fynydd Hiraethog, heibio i Lyn Brenig ac i Goedwig Clocaenog. Stopiodd yno a thrywanu Mr Carthy i farwolaeth.

Ond nid Moore oedd yr unig ddyn gafodd ei gyhuddo o lofruddiaeth y Nadolig hwnnw.

Cafodd Nigel Peter Owens, gyrrwr tacsi 28 oed o Gaergybi, ei gyhuddo o lofruddio Henry Roberts yn ei gartref ger Caergeiliog ym mis Medi 1995. Cafodd ei gadw yn y carchar tan 16 Ionawr 1996. Wedyn, yn ôl y drefn, byddai'n mynd o flaen llys barn yng Nghaernarfon.

9.

Gwaith yr heddlu rŵan oedd holi Peter Moore. Dywedodd ei fod wedi ymosod ar 39 o ddynion dros gyfnod o 20 mlynedd.

Gweithiwr fferm meddw oedd y cynta. Yn Ninbych yr oedd Moore pan gynigiodd lifft i'r ffermwr, ac yna ymosod arno. Dyna'r dechrau. Wedyn, ymosododd ar ddynion yn Llanelwy, Bae Cinmel, ac yn Nyffryn Conwy. Dywedodd wrth yr heddlu bod ffrind efo fo weithiau. Roedd ymosod ar y dynion yma wedi rhoi pleser rhywiol iddo, meddai.

'Dw i ddim yn gwybod beth oedd yn mynd drwy fy meddwl, ond dw i wedi bod o dan andros o straen yn ddiweddar. Straen ariannol y busnes. A hefyd mae cymaint o nghwmpas i wedi marw,' meddai.

Roedd pethau wedi mynd yn waeth ar ôl i'w fam farw, dywedodd Moore.

'Roedd Mam a finnau'n ffrindiau gorau. Mi wnes i fy ngorau iddi, a dw i'n ei cholli hi'n ofnadwy.'

Aeth ymlaen i ddweud bod ei gi hefyd wedi marw. Yna roedd y ci arall a gafodd yn lle'r un cynta wedi marw. Roedd ganddo gath yn un o'i sinemâu a chafodd honno ei lladd gan gar. Ac ar ben yr holl bethau trist yma i gyd, cafodd y pysgod yn ei bwll pysgod yn yr ardd eu lladd gan fellten. Roedd y marwolaethau hyn i gyd yn dweud arno, meddai.

Dywedodd Moore hefyd fod ei staff yn ei dwyllo. Roedden nhw'n dwyn arian, meddai. Fel canlyniad roedd y banc yn bygwth cymryd ei gartref ym Mae Cinmel. Fisoedd wedyn, roedd sôn bod Moore yn bwriadu lladd ei reolwr banc.

Ffeindiodd yr heddlu eiddo Keith Randles ac Anthony Davies yng nghartref Moore. Daeth yr heddlu hefyd o hyd i eitem Natsïaidd oedd yn perthyn i Henry Roberts yng nghartre Moore ac roedd tystiolaeth fforensig hefyd yn cysylltu Moore efo Mr Roberts. Ar y cychwyn, doedd yr heddlu ddim wedi cysylltu llofruddiaeth Mr Roberts gyda llofruddiaeth y tri gŵr arall, ond erbyn hyn, roedden nhw'n gwybod llawer mwy ac roedd tystiolaeth newydd ganddyn nhw.

Cafodd Nigel Peter Owens ei ryddhau o'r carchar a chafodd y cyhuddiad yn ei erbyn ei ollwng er, yn ddiweddarach, roedd rhaid iddo wynebu cyhuddiad o wastraffu amser yr heddlu.

Cyhuddwyd Peter Moore o lofruddio Henry Roberts.

10.

B<small>UODD YR HEDDLU WRTHI</small> am oriau maith yn holi Moore. Roedd ei gyfweliad ola ar 13 Chwefror 1996. Ar ddiwedd y cyfweliad ola hwn, gofynnodd y Ditectif Gwnstabl David Morris i Moore a oedd ganddo rywbeth arall i'w ddweud. Roedd y ditectif yn meddwl mai dyma'r tro olaf y byddai'n holi Moore.

Cafodd DC Morris sioc gan ymateb Moore. Gofynnodd Moore gwestiwn.

'Ydach chi wedi dod o hyd i'r person oedd efo fi ar draeth Pensarn pan fuodd Anthony Davies farw?'

Roedd Moore wedi dweud wrth yr heddlu ei fod ar ei ben ei hun ar y traeth efo Anthony Davies. Ond rŵan roedd e'n newid ei stori. Wrth gwrs, cwestiwn nesaf DC Morris i Moore oedd, 'Pwy oedd efo chi ym Mhensarn?'

Ateb Moore oedd, 'Fe faswn i'n hoffi dweud, ond os nad ydach chi'n gwybod, mae'n well i ni adael pethau fel maen nhw.'

Yna dywedodd Moore fod rhywun efo fo pan gafodd Henry Roberts ei ladd. A hefyd bod yr un dyn efo fo pan gafodd Keith Randles ei ladd. Dywedodd DC Morris wrth Moore ei bod hi'n bwysig fod yr heddlu'n holi'r person yma.

'Mae'n siŵr bod gan y person arall 'ma wybodaeth am y llofruddiaethau,' meddai'r ditectif.

Ond aeth Moore ymlaen i chwarae gyda'r plismon.

'Mae'n rhaid i chi ddod o hyd i'r enw. Fydda i ddim yn dweud wrthoch chi pwy ydi o byth... am resymau personol.'

Ond fe ddywedodd Moore wrth yr heddlu.

11.

DECHREUODD ACHOS LLYS PETER Moore yn Llys y
Goron yr Wyddgrug ym mis Tachwedd 1996.
Gwadodd y pedwar cyhuddiad o lofruddio.
Na, doedd o ddim wedi lladd y pedwar dyn,
meddai.

Daeth i'r llys bob dydd yn gwisgo crys du a
thei ddu. Alex Carlile, QC y Goron, roddodd yr
enw 'y dyn mewn du' iddo.

'Ei ddillad du a'i feddyliau du, ond ei
weithredoedd yw'r duaf oll.' Dyna ddywedodd
Mr Carlile.

Dywedodd Mr Carlile fod Moore yn un o'r
bobl fwya peryglus i gerdded daear gogledd
Cymru erioed. Roedd yn mynd allan gyda'r nos
ag un bwriad yn unig yn ei ben, a hynny oedd
ymosod ar ddynion. Yn ystod y dydd byddai
Moore yn actio'r dyn busnes parchus. Ond
gyda'r nos, yn gwisgo dillad tywyll, militaraidd,
roedd yn mynd ati i ddychryn dynion er mwyn
cael pleser rhywiol. Dywedodd Mr Carlile fod
gan Moore ddillad lledr a dillad militaraidd a
theganau rhyw yn ei gartref.

Prynodd Moore gyllell o siop Reg Gizzi yn y Rhyl, meddai Mr Carlile. Ar y gyllell hon roedd gwaed nifer o ddynion.

'Prynodd y gyllell gyda'r bwriad o ladd. Doedd dim unrhyw bwrpas arall, dim ond cael pleser personol,' meddai Mr Carlile.

Dywedodd Mr Carlile fod Moore wedi dweud wrth yr heddlu mai fo laddodd y dynion. A dywedodd hefyd fod Moore wedi dweud wrth y ditectifs nad oedd e'n difaru o gwbl.

'Mae'r dyn peryglus hwn yn lladd yn oeraidd. Ei bwrpas yw cael hwyl, rhyddhau tensiwn, a chael pleser sadistaidd,' meddai Mr Carlile.

12.

ROEDD HI'N YMDDANGOS BOD Moore yn mwynhau'r sylw roedd e'n ei gael yn y llys. Dywedodd un dyn papur newydd fod Moore yn ymddwyn fel 'fi fawr'. Bob dydd roedd e'n rhoi ychydig mwy o ffeithiau newydd, meddai'r gohebydd ac roedd Moore wrth ei fodd yn gwneud hyn. Fel roedd Moore wedi dweud wrth DC David Morris, dywedodd wrth y llys fod rhywun wedi'i helpu i ladd y pedwar dyn. Ac yn y llys, fe enwodd y dyn.

'Jason oedd o i mi, am ei fod yn caru cyllyll,' meddai Moore.

Jason Vorhees oedd y dyn drwg dychmygol yn ffilmiau *Friday The 13th*.

Mae'n rhyw fath o gymeriad dychmygol erchyll yn y ffilmiau. Roedd Moore wedi gweld y ffilmiau ac roedd Mr Carlile yn awgrymu bod Moore wedi copïo golygfeydd o'r ffilm gynta yn yr ymosodiadau cyntaf.

Dywedodd Mr Carlile wrth Moore ei fod wedi defnyddio'i ddychymyg i greu stori Jason, a hynny fis ar ôl i'r prif gyfweliadau gyda'r heddlu ddod i ben. Gofynnodd Mr Carlile i Moore pam na soniodd am Jason cyn hynny.

Ateb Moore oedd, 'Roeddwn i'n bwriadu cymryd y bai fy hun. Roedd pob dim wedi chwalu. Roeddwn i wedi colli fy musnes, roeddwn i wedi colli fy sinemâu, roeddwn i fy hun ar goll.'

Aeth ymlaen i ddweud ei fod wedi cyfarfod Jason yn Llanddulas, ger Bae Colwyn, yn 1995. Dywedodd mai 'Alan Williams' oedd enw iawn Jason. Roedd yn byw yn Llanfairfechan, yn 48 oed ac yn gweithio mewn bar. Roedd bob amser yn smocio sigars ac roedd yn hoff o gyllyll. Ymateb Mr Carlile oedd fod Jason yn weithiwr bar ffodus iawn i gael nos Sadwrn yn rhydd er mwyn mynd i ladd pobl.

Ddywedodd Moore ddim un gair.

13.

ROEDD DIGONEDD O DYSTIOLAETH fforensig i ddangos mai Moore oedd y llofrudd. Roedd gwaed y dynion ar ei siaced ledr ac ar ei gyllell. Roedd gwaed Henry Roberts, Keith Randles, a Moore ei hun ar ei gôt ddu.

Dywedodd Caroline Eames, swyddog fforensig, ei bod yn credu mai Moore oedd yn gyfrifol am lofruddio Henry Roberts. Dywedodd swyddog fforensig arall, Dr Alistair McPhee, fod gwaed Keith Randles yn un o 20 staen gwaed ar siaced Moore. Roedd digon o brawf mai gwaed Moore oedd ar y cerrig mân ac ar y tywod ar draeth Pensarn. Roedd gwaed Moore ar siwmper Anthony Davies hefyd. Roedd hi'n bosib fod Moore yn gwisgo'r siaced ledr pan laddodd o Henry Roberts a Keith Randles. Wrth ymosod ar Anthony Davies anafodd Moore ei hun. Dyna pam roedd gwaed y dynion a gwaed Moore ar y siaced, meddai Dr McPhee.

Disgrifiodd Moore yn fanwl i'r heddlu sut lladdodd o Anthony Davies. 'Cyrhaeddodd Anthony Davies mewn car. Neidiodd allan a cherdded at ymyl y dŵr. Fe welais i o'n mynd ar hyd y traeth ond es i ymlaen i gerdded o gwmpas am ychydig. Yna estynnais am y gyllell a'i daro.'

Yna newidiodd Moore ei stori. Dywedodd iddo ofalu am Anthony Davies ar ôl i Jason ymosod arno. Dywedodd Moore iddo gael ei anafu ar draeth Pensarn wrth geisio cymryd y gyllell oddi ar Jason.

Dywedodd Eric Somerset Jones, y bargyfreithiwr oedd yn amddiffyn Moore yn y llys, ei bod hi'n bosib fod rhywun arall wedi gwisgo'r siaced ledr ac wedi llofruddio'r dynion. Dywedodd Moore wrth y llys fod Jason wedi gwisgo'r siaced am fisoedd.

Daeth yr heddlu o hyd i'r gyllell laddodd Henry Roberts yng nghefn fan Moore ac roedd yr eitem Natsïaidd a ddaeth o dŷ Mr Roberts yng nghartre Moore. Roedd oriawr Keith Randles yn fan Moore a daeth yr heddlu ar draws ei ffôn symudol yn y pwll pysgod yng ngardd Moore. Roedd recordydd fideo a ddiflannodd o garafán Keith Randles wedi'i guddio o dan soffa Moore.

Ond roedd Moore yn dal i ddweud mai Jason laddodd y dynion.

14.

'Roedd yn ddyn oedd yn mwynhau cael sylw'. Fel yna y cafodd Moore ei ddisgrifio yn y llys gan Dr David Finnegan, seiciatrydd fforensig o Lerpwl. Doedd Moore ddim yn wallgo, meddai, ond roedd e'n mwynhau dychryn pobl. Roedd Dr Finnegan wedi bod yn siarad efo Moore yn y carchar cyn yr achos llys. Dywedodd fod Moore yn mynd allan yn y nos, yn ymosod ar ddynion, yn eu bygwth, yn tynnu eu dillad ac yn eu bychanu'n rhywiol.

Roedd Moore yn hoffi codi ofn ar y dynion a phan oedd yn gwneud hyn roedd yn teimlo'n gryf. Roedd o wir yn mwynhau'r teimlad yma, meddai'r Dr Finnegan. Byddai Moore yn dod o hyd i'r dynion ar y traeth ac yng nghefn gwlad. Roedd llawer o'r dynion wedi meddwi ac felly'n hawdd i'w trin. Roedd Moore yn gwybod yn iawn beth roedd e'n ei wneud, ond doedd o ddim yn teimlo'n ddrwg pan oedd e'n achosi dychryn a phoen.

Dywedodd Moore wrth Dr Finnegan ei fod o wrth ei fodd yn twyllo'r heddlu a hefyd yn mwynhau'r cyhoeddusrwydd yn y papurau newydd ac ar y newyddion. Wedi iddo ymosod ar y dynion, byddai Moore yn creu ffantasi am beth ddigwyddodd ac weithiau, ar ôl ymosod ar rywun, byddai'n cael rhyw gyda dyn arall.

Dywedodd Dr Finnegan wrth y llys mai straen oedd yn gwneud i Moore ymosod ar ddynion. Ond doedd o ddim dan straen mawr bob tro.

'Pan welais i Moore fis Ebrill 1996,' dywedodd Dr Finnegan, 'roedd o mewn hwyliau da a dywedodd wrtha i nad oedd o wedi teimlo cystal ers blynyddoedd. Doedd o ddim yn teimlo'n drist am ddim byd wnaeth o.'

Ar ôl tair wythnos, daeth yr achos i ben ar 27 Tachwedd 1996. Roedd y papurau newydd a'r teledu yn rhoi llawer iawn o sylw i'r achos. Roedd mwy o ddrama am fod Moore ceisio beio rhywun arall am y troseddau. Roedd wrth ei fodd gyda'r sylw, ond yn y diwedd cafodd y llys Moore yn euog o lofruddio Henry Roberts, Keith Randles, Edward Carthy ac Anthony Davies.

Wnaeth Moore ddim byd pan glywodd y penderfyniad a ddangosodd o ddim emosiwn.

Cafodd Moore ei anfon i'r carchar am bedwar cyfnod o oes. Dywedodd y barnwr, Meistr Ustus Kay, y byddai'n trafod gyda'r Ysgrifennydd Cartref pa mor hir y dylai Moore aros yn y carchar. Yn ei farn o, ddylai Moore ddim cael ei ryddhau, 'Byth.'

Dywedodd y barnwr wrth Moore, 'Roeddech chi'n gyfrifol am bedair llofruddiaeth sadistaidd mewn cyfnod o dri mis. Doedd yr un o'r trueiniaid hyn wedi gwneud dim drwg i chi. Lladd er mwyn lladd oedd hyn. Fe ddywedoch chi wrth un ohonyn nhw mai ymosod arno o ran hwyl oeddech chi. Dydych chi ddim wedi dangos bod yn ddrwg gennych am beth wnaethoch chi. Rydych chi'n ddyn peryglus, un o'r rhai mwya peryglus erioed.'

15.

A<small>R ÔL I'R ACHOS</small> ddod i ben dywedodd papur newydd y *Weekly News* y gallai Moore gael ei holi ynglŷn â 51 o ddynion eraill oedd wedi diflannu yng ngogledd Cymru dros y blynyddoedd.

Hefyd, roedd yr heddlu wedi holi Moore am farwolaeth tramp yn Llanrwst yn 1975. Roedd Hugh Watson, 77 oed, wedi'i drywanu mewn tŷ gwair ac yna wedi cael ei losgi. Roedd pobl o gwmpas ardal Llanrwst yn ei nabod o'n iawn. Ar ôl rhoi'r gorau i'w waith yn gyrru injan stêm, aeth i fyw mewn cartrefi i'r henoed yn Rhuthun a Llanrwst. Ond doedd o ddim yn mwynhau byw yn y cartrefi hyn. Gwnaeth wely iddo'i hun ar dwmpath o gotiau mewn beudy tu ôl i westy'r Queen's yn Llanrwst. Yn ôl y sibrydion, roedd ganddo lawer o arian ond ei fod yn byw fel dyn tlawd. Dyn bychan oedd Hugh Watson, yn dila ac yn fusgrell, yn cerdded o gwmpas Llanrwst ar ddwy ffon o achos ei grydcymalau. Byddai'n mwynhau cael peint a gêm o ddominos yn nhafarn Pen y Bryn.

Noson 9 Rhagfyr 1975, gadawodd y dafarn am

9.30 p.m. er mwyn mynd i'w wely. Roedd hi'n daith hanner awr i Hugh am ei fod yn cerdded mor araf. Mae'n debyg fod o leia ddau ddyn wedi dilyn Hugh i'r beudy. Yn ddiweddarach daethpwyd o hyd i'w gorff. Roedd wedi cael ei fygu a'i drywanu 18 o weithiau gan bicwarch.

Roedd yr heddlu'n meddwl bod rhywun wedi dwyn arian Hugh. Ond dri diwrnod wedyn, yn y tŷ gwair oedd wedi mynd ar dân, ffeindion nhw waled Hugh ac roedd arian ynddi. Felly, nid dwyn oedd pwrpas yr ymosodiad.

Gofynnodd yr heddlu i Moore a oedd o wedi lladd Hugh Watson. Atebodd Moore, 'Roeddwn i'n weddol agos at Lanrwst y noson honno ond doedd gen i ddim i'w wneud â'r llofruddiaeth. Efo picwarch y cafodd o ei ladd, ia?'

Does neb wedi cael carchar am ladd Hugh Watson. Mae ei lofruddiaeth yn dal heb ei datrys.

16.

ROEDD NIFER O DDYNION yn falch pan aeth Peter Moore i'r carchar.

Dywedodd Robert Gavin, y cyn-filwr gafodd gweir gan Moore, y dylai'r 'dyn mewn du' gael ei gadw yn y carchar am weddill ei oes.

'Fe laddodd o gymaint o ddynion,' meddai Mr Gavin wrth y *Weekly News* ar ôl yr achos, 'a dwi'n diolch i Dduw fy mod i yn dal yn fyw. Hoffwn i ei weld o'n cael y gosb eitha am beth wnaeth o i fi ac i bobl eraill.'

Roedd Huw Griffith, gafodd ei barlysu gan Moore, yn y llys pan gafodd Moore ei garcharu. 'Mae wedi bod yn amser hir, ond rydw i'n falch,' meddai. 'Mae'r dyn ofnadwy yma wedi difetha fy mywyd i. Fe ddylen nhw ei grogi fo.'

Roedd pawb yn fodlon fod Moore yn y carchar o'r diwedd. Ond roedd teuluoedd y dynion gafodd eu llofruddio yn dal i ddiodde.

Dywedodd brawd Anthony Davies, Michael Davies, fod y teulu yn ddiolchgar i'r heddlu, ond roedd eu poen nhw'n parhau ac roedden nhw'n dal i ddiodde. Dywedodd Malcolm Prewitt, brawd-yng-nghyfraith i Anthony Davies, 'Mae Moore yn y carchar am oes am ladd pedwar dyn diniwed. Ond rydan ni hefyd wedi ein dedfrydu am oes. Diolch i Dduw nad yw'r bwystfil yna'n rhydd yn ein cymdeithas i ladd eto.'

Dywedodd merch Keith Randles, Lisa Jones, fod pawb yn hoffi ei thad a'i fod yn ddyn da.

'Rydyn ni wedi colli tad, ac mae ein plant ni wedi colli taid oedd yn chwarae rhan bwysig iawn yn eu bywydau,' meddai Lisa Jones. 'Mae Peter Moore yn un o'r dynion mwya uffernol erioed. Tra byddwn ni fyw, allwn ni ddim meddwl dechrau maddau i berson mor ddrwg.'

Roedd pawb yn gobeithio y byddai Moore yn pydru'n dawel yn ei gell, ond mwynhau'r sylw roedd 'y dyn mewn du'. Doedd o ddim yn bwriadu cael ei anghofio.

Ar ôl mynd i'r carchar, collodd Moore ei arian i gyd a chafodd ei dŷ ym Mae Cinmel ei werthu. Ond roedd yn dal i geisio gwneud arian.

Yn Ebrill 2000 enillodd dros £12,000 mewn achos llys yn erbyn Les Bradshaw a Pauline Prydderch. Roedd Moore wedi gwahodd y ddau i fyw yn ei dŷ fel gofalwyr ac roedden nhw wedi gwerthu cannoedd o eitemau. Roedd gan Moore restr o'r eitemau hyn, llond 14 tudalen o'r pethau roedden nhw wedi'u gwerthu, eitemau fel corachod gardd, welingtons a 900 o bosteri ffilm.

Ym mis Mai 2000 dywedodd Moore ei fod am geisio cael iawndal gan Heddlu Gogledd Cymru. Cyhuddodd yr heddlu o beidio ymateb i lythyr a sgrifennodd atyn nhw o'r carchar yn 1996 yn cwyno am ymddygiad Les Bradshaw a Pauline Prydderch. Roedd o hefyd am geisio cael arian gan yr heddlu ar ôl iddyn nhw ddifetha ei gartref wrth chwilio am gliwiau a thystiolaeth. Dywedodd fod llanast yn y tŷ, y lloriau wedi'u codi a'r plastar wedi'i dynnu oddi ar y waliau. Roedd o eisiau iawndal gwerth £165,000 gan yr heddlu, a gan Les Bradshaw a Pauline Prydderch.

Yn Ionawr 2002, enillodd Moore iawndal o £50,000 oddi wrth Les Bradshaw, ond methodd gael iawndal gan yr heddlu.

Ceisiodd fynd â Lewis Colwell, perchennog sinema'r Futura yn Ninbych, hefyd i'r llys. Roedd y ddau wedi cyfarfod yn 1982 pan oedden nhw'n cystadlu yn erbyn ei gilydd i geisio prynu'r Futura. Mr Colwell enillodd, ond daeth y ddau'n ffrindiau ac yn ddiweddarach roedd y ddau ohonyn nhw'n berchen ar y sinema gyda'i gilydd. Cyn iddo gael ei arestio, roedd Moore yn mynd i ailagor y sinema. Ond ar ôl iddo gael ei garcharu, dywedodd Mr Colwell fod y byd yn lle mwy diogel. Disgrifiodd Mr Colwell ei gyn-gyfaill fel 'bom yn barod i ffrwydro'.

Roedd Moore yn ysgrifennu at nifer o bobl. Un o'r bobl yma oedd Gareth Hughes, dyn papur newydd profiadol gyda'r *Daily Post* oedd wedi bod yn ysgrifennu am yr achos llys ac am Moore dros y blynyddoedd. Felly roedd Mr Hughes yn nabod Moore cyn yr achos llys. Ond, doedd Mr Hughes ddim yn ffrind. Eto, roedd Moore yn ysgrifennu'n aml ato, ac yn y llythyrau yma, roedd yn dweud wrth Mr Hughes ei fod yn mynd i apelio, a hefyd yn sôn am Jason.

Ysgrifennodd Moore at Mr Hughes ar ôl i Harold Shipman ladd ei hun. Lladdodd Dr Shipman gannoedd o hen bobl oedd yn gleifion iddo. Roedd o gyda Moore yng Ngharchar Wakefield. Dywedodd Moore wrth Mr Hughes ei fod wedi siarad efo Shipman y diwrnod cyn i'r doctor ladd ei hun ac roedd wedi synnu bod Shipman wedi lladd ei hun.

Un bore Sadwrn, daeth galwad ffôn i gartref Mr Hughes. Atebodd ei wraig, Anwen, y ffôn. Daeth llais rhywun dieithr ar y lein yn gofyn am Gareth.

'Pwy sy'n siarad?' holodd Mrs Hughes.

'Peter,' meddai'r llais.

Peter Moore oedd ar y ffôn. Ond sut y cafodd o rif ffôn Mr Hughes? Dydi Mr Hughes ddim yn gwybod. Does ganddo fo ddim syniad.

Cafodd Moore ei fagu yng ngogledd Cymru.

Roedd e'n ystyried gogledd Cymru yn gartref iddo. Ond doedd neb yng ngogledd Cymru eisiau ei weld yn dod nôl yno i fyw.

Ond yn Awst 2002 daeth newyddion brawychus. Dywedodd Moore ei fod am ddod nôl i ogledd Cymru ar ôl cael ei ryddhau o'r carchar.

Roedd y barnwr wedi ei garcharu am bedwar cyfnod o oes a doedd o ddim wedi cael yr hawl i apelio. Ond roedd hyder 'y dyn mewn du' yn ddigon i godi ofn. Roedd e'n sicr y byddai'n cael ei ryddhau ryw ddiwrnod. A dywedodd mewn llythyr ei fod yn chwilio am dŷ yng ngogledd Cymru.

'Rydw i wedi penderfynu,' meddai Moore. 'Dydw i ddim am fyw yn unlle arall.'

Roedd e'n benderfynol o gael ei ryddhau. Ac roedd e'n benderfynol fod pobl yn cofio amdano fo. Ym mis Chwefror 2004 ceisiodd roi hysbyseb ym mhapur newydd y *Daily Post*. Roedd o am ofyn am dystion newydd, pobl fyddai'n fodlon ei helpu yn ei apêl. Penderfynodd y papur newydd beidio cyhoeddi'r hysbyseb.

Dywedodd Elfyn Llwyd, Aelod Seneddol Meirionnydd Nant Conwy, fod gan Moore 'ryddid i lefaru' ond roedd yn rhaid ystyried teimladau teuluoedd y dynion fuodd farw hefyd. Roedd yn rhaid cael balans, meddai Mr

Llwyd wrth y BBC. Roedd Moore yn chwilio am sylw o hyd.

Ac roedd o hefyd yn chwilio am ryddid.

Ond cafodd Moore ergyd yn Rhagfyr 2006. Cyhoeddwyd na fyddai byth yn cael ei ryddhau. Roedd e'n un o'r 35 fyddai'n marw yn y carchar. Roedd Moore yn cael ei ystyried yn ddyn peryglus, mor beryglus ag Ian Brady, Donald Neilson, Dennis Nilsen, Rosemary West a'r gweddill.

Roedd yna lofruddwyr amlwg eraill ar y rhestr – rhai fel John Duffy, gafodd ei garcharu yn 1988. Ei ffugenw oedd 'Lladdwr y Rheilffyrdd'. Llofruddiodd ddwy a threisiodd bump o ferched.

Kenneth Erskine oedd 'Crogwr Stockwell'. Cafodd ei garcharu yn 1988 am lofruddio saith o bobl.

Ymosododd Arthur Hutchinson ar barti priodas yn 1983. Lladdodd rieni a brawd y briodferch a threisio chwaer y briodferch.

Crogodd John Straffen dri o blant. Cafodd ei garcharu yn 1957 ac mae wedi treulio dros 50 mlynedd yn y carchar, mwy o amser na'r un carcharor arall byw ar hyn o bryd.

Mae'r rhain yn ddynion dieflig. Mae eu troseddau yn ddychrynllyd. Maen nhw'n haeddu eu cosb. Byddan nhw'n treulio gweddill eu hoes yn y carchar.

Er bod sawl un ohonyn nhw wedi derbyn hyn, mae rhai'n methu neu'n gwrthod derbyn. Un o'r rhai sy'n gwrthod derbyn ei fod am farw yn y carchar yw Moore. Ym mis Mehefin 2008 fe apeliodd i'r Uchel Lys yn erbyn y penderfyniad i'w gadw yn y carchar am weddill ei oes. Roedd Donald Neilson, y 'Panther Du', yn apelio ar yr un diwrnod. Daeth yr apêl o flaen Meistr Ustus Teare yn Llundain. Dyma'r gobaith ola i Peter Moore o gael ei ryddhau a'r gobaith olaf y gallai fynd nôl i ogledd Cymru ryw ddiwrnod.

Dywedodd Meistr Ustus Teare y dylai Moore farw yn y carchar. Roedd penderfyniad y llys y dylid ei gadw mewn carchar am weddill ei oes yn gywir, meddai'r barnwr.

Roedd Peter Moore yn rhy beryglus i'w ryddhau, dywedodd.

BAI AR GAM

Achos Lynette White a 'Tri Caerdydd'

Y CYMERIADAU

Lynette White – y ferch gafodd ei llofruddio

Y rhai a ddywedodd gelwydd yn y llys

Mark Grommek – dyn hoyw oedd yn byw mewn fflat yn 7 Stryd James, Butetown, Caerdydd
Learnne Vilday – ffrind i Lynette White, putain a pherchennog fflat 7 Stryd James
Angela Psaila – putain oedd yn byw gyda Learnne Vilday ar y pryd

Y rhai roedd yr heddlu yn eu hamau

Stephen Miller – Dyn du o Lundain a chyngariad Lynette
Tony Paris – bownser yng nghlwb y Casablanca
Yusef Abdullahi – dyn oedd yn gweithio ar long y *Coral Sea* yn nociau'r Barri
Ronnie Actie – cariad Learnne Vilday
John Actie – bownser yng nghlwb y Casablanca a chefnder i Ronnie

Eraill

Ian Massey – lleidr arfog oedd yng Ngharchar Caerdydd gyda Tony Paris

Michael Mansfield QC – bargyfreithiwr Tri Caerdydd yn yr Apêl

David Elfer QC – bargyfreithiwr y Goron

1.

Cafodd Lynette White ei lladd mewn fflat uwchben siop bwci yn ardal Butetown, Caerdydd, ar 14 Chwefror 1988 a hithau'n ddim ond 20 oed. Cafodd ei geni yn Essex yn 1967 a daeth ei theulu i Gaerdydd pan oedd hi'n fabi.

Aeth Lynette i Ysgol Uwchradd y Rhymni, gan adael yr ysgol heb basio'r arholiadau. Symudodd i ardal Grangetown, Caerdydd, pan oedd hi'n 18 oed ac yn fuan ar ôl symud yno dechreuodd weithio fel putain.

Roedd Lynette wedi cael benthyg allweddi fflat yn 7 Stryd James gan Learnne Vilday er mwyn iddi allu mynd â dynion yno. Cafodd Lynette ei gweld am hanner nos yng nghlwb Montmerence, Heol Siarl, yng nghanol y ddinas, y noson y cafodd ei llofruddio. Dyna'r tro ola i unrhyw un ei gweld yn fyw.

Ar ôl iddi adael y clwb cwrddodd â chleient a thalodd y dyn £30 i Lynette er mwyn cael rhyw gyda hi. Fe aeth y ddau yn ôl i'r fflat yn Stryd James, ond ar ôl cyrraedd yno newidiodd y dyn ei feddwl – roedd e eisiau ei arian yn ôl.

Dechreuodd Lynette a'r dyn ffraeo a throdd y ffraeo'n ymladd. Roedd gan y dyn gyllell, am ei fod yn ystyried yr ardal fel un beryglus – yn wir, roedd criw o buteiniaid wedi dwyn arian oddi arno rai misoedd cyn hyn.

Buodd Lynette a'r dyn yn ymladd ond yna fe ddefnyddiodd y dyn ei gyllell. Trywanodd e Lynette a'i llofruddio rhwng 1.45 a.m. ac 1.50 a.m. y bore Sul hwnnw.

2.

Roedd gan Lynette gariad o'r enw Steve Miller. Dyn du oedd Miller, o Lundain yn wreiddiol, a doedd e ddim yn ddyn deallus iawn – 'IQ' o 75 oedd ganddo, sef yr un 'IQ' â phlentyn arferol 11 oed. Doedd e ond yn gallu darllen fel plentyn wyth oed, ac roedd yn hawdd iawn ei berswadio a dylanwadu arno.

Byddai Miller yn defnyddio cocên. Roedd rhai'n dweud mai fe oedd pimp Lynette ac mae hi oedd yn talu am ei gyffuriau. Ond doedd Miller ddim yn hapus bod Lynette yn butain a gofynnodd iddi orffen. Mi wnaeth hi stopio am ychydig, ond cyn bo hir roedd hi yn ôl ar y strydoedd. Yn ôl y sôn roedd Miller yn siomedig dros ben, ond gan ei fod yn defnyddio cocên, roedd arian Lynette yn bwysig iawn iddo. Lynette oedd yr unig un a roddai arian i Miller.

Rai dyddiau cyn iddi gael ei lladd fe wahanodd Lynette a Miller. Am bum diwrnod cyn iddi gael ei llofruddio, diflannodd Lynette a doedd neb yn gwybod lle roedd hi. Bu Miller yn chwilio amdani hi, gan fod arno angen arian Lynette.

Doedd ganddo ddim digon o arian i brynu bwyd nac i roi petrol yn ei gar er mwyn gyrru o gwmpas y ddinas i geisio dod o hyd iddi. Roedd Learnne Vilday yn poeni am Lynette hefyd gan nad oedd sôn am y ferch ifanc ac roedd arni hi angen yr allwedd i'w fflat.

Dywedodd rhai pobl iddyn nhw weld Lynette o gwmpas Caerdydd yn ystod y dyddiau yma, ond doedd neb wedi'i gweld yn ardal Butetown. Roedd Lynette wedi bod ar goll cyn hyn, ond nid am gyfnod mor hir. Doedd neb yn gwybod lle roedd hi.

Ond fe ddaeth yn ôl i'r fflat ar y nos Sadwrn. Roedd yno gyda chleient am 10 p.m. Fe aeth allan ar ôl gorffen gyda'r cleient a chafodd ei gweld yn y Montmerence am hanner nos. Yna, aeth yn ôl i'r fflat unwaith eto – ond y tro hwn gyda'i llofrudd.

3.

CAFODD LEARNNE VILDAY NOSON brysur ar 13 Chwefror. Roedd hi'n nos Sadwrn, ac erbyn tua 10 p.m. roedd hi wedi dod â phedwar cleient yn ôl i fflat Angela Psaila, putain arall oedd yn byw gyda hi ar y pryd. Roedd eu fflat yng Nghwrt San Clêr, dim ond rhyw 70 troedfedd o 7 Stryd James, er nad oedd yn gwybod bod Lynette yno yng nghwmni cleient.

Ar ôl i'r dynion adael, fe aeth Vilday allan a mynd i glwb y North Star. Daeth ar draws Ronnie Actie, ei chariad, a dweud wrtho ei bod yn poeni am Lynette. 'Mi allai hi fod wedi cael ei llofruddio cyn belled ag y gwyddon ni,' meddai wrtho. Dywedodd Actie wrthi am beidio â siarad yn wirion gan fod Lynette yn gallu edrych ar ei hôl ei hun.

Ar ôl rhyw 20 munud gadawodd Actie a Vilday'r North Star gan fynd i dŷ chwaer Actie ac aros yno dros nos. Y diwrnod wedyn, roedd Vilday'n dal i boeni am Lynette ac aeth mewn tacsi i Stryd James. Edrychodd Vilday drwy'r blwch llythyrau a gweld bod drws y gegin wedi'i gau. Roedd hyn yn rhyfedd, gan y byddai'r drws yn cael ei ddal ar agor gan ddarn o linyn fel arfer. Fe aeth Vilday'n ôl i'r tacsi a dweud wrth y gyrrwr ei bod yn poeni. Cytunodd y gyrrwr i fynd â Vilday i orsaf yr heddlu yn Butetown.

Daeth dau blismon yn ôl i'r fflat gyda Vilday a rhoddodd hi ganiatâd iddyn nhw falu'r drws. Dywedodd y ddau blismon wrth Vilday am aros y tu allan i'r fflat ac aethon nhw i mewn a dod o hyd i gorff Lynette. Erbyn hyn, roedd hi'n 9.17 p.m. Galwodd yr heddlu am gymorth gan ddweud bod rhywun wedi cael ei ladd. Wrth glywed y plismon yn dweud hyn dechreuodd Vilday grio y tu allan i'r fflat, ond ni welodd gorff Lynette o gwbl.

Cafodd swyddogion fforensig eu hanfon i'r fflat. Daethon nhw o hyd i wallt, poer, sberm, print troed a phrint llaw, yn ogystal â gwaed Lynette. Hefyd roedd sampl gwaed arall yn y fflat – gwaed oedd yn cynnwys cromosom gwrywaidd ac a oedd yn perthyn i grŵp prin iawn.

Roedd pobl leol yn credu mai cleient oedd wedi lladd Lynette ond roedd ymchwiliad yr heddlu'n cynnwys holl ardal Butetown. Doedd dim llawer o dystion ar gael, ond roedd gan yr heddlu un cliw – roedd ganddyn nhw ddisgrifiad o rywun fuodd yn loetran o gwmpas fflat Stryd James.

Roedd y dyn yn wyn a rhwng 5'8" a 5'10" mewn taldra. Roedd yn ei 30au a golwg flêr arno, a buodd e'n crio y tu allan i fflat Stryd James ar ddydd Sul, 14 Chwefror. Roedd ganddo waed ar ei ddillad, ac roedd wedi anafu ei hun. Cafodd ei weld yno rhwng 2.45 p.m. a 3.15 p.m. ac roedd corff Lynette yn y fflat bryd hynny gan nad oedd neb wedi dod o hyd iddi.

4.

Ar y noson buodd Lynette farw, roedd Steve Miller, ei chyn-gariad, yng Nghlwb y Casablanca – clwb enwog yn yr ardal yma o Gaerdydd.

Yn y clwb hefyd roedd dyn o'r enw Tony Paris yn gweithio fel casglwr gwydrau ac weithiau byddai'n gweithio yno fel bownser gyda John Actie. Roedd Actie'n gawr o ddyn ac yn casáu'r heddlu, ac yn gefnder i Ronnie Actie, sef cariad Learnne Vilday.

Roedd Ronnie Actie wedi bod mewn trafferth gyda'r heddlu a'i gyhuddo o ddwyn arian oddi wrth butain. Doedd John na Ronnie Actie ddim yn angylion o bell ffordd.

Roedd Tony Paris wedi'i gyhuddo yn y gorffennol hefyd, am ddwyn o siopau. Doedd e ddim yn droseddwr difrifol, yn wir roedd e'n gyfeillgar gyda'r rhan fwyaf o bobl Butetown.

Dyn arall fyddai'n dod i sylw'r heddlu oedd Yusef Abdullahi. Roedd yr heddlu'n bendant ei fod yn gwerthu cyffuriau ac wedi ceisio ei gyhuddo sawl gwaith o'u gwerthu, ond roedden nhw wedi methu bob tro. Doedd Abdullahi ddim yn hoff o Lynette oherwydd ei bod yn ddau-wynebog, yn ei farn e.

Mewn achos arall, roedd gwraig o'r enw Francine Cordle wedi'i chyhuddo o ymosod ar butain o'r enw Tina Garton. Ymosododd Cordle ar Garton am ei bod yn amau iddi gysgu gyda'i chariad, Tony Miller. Gwelodd Lynette White Garton yn gwaedu ar ôl yr ymosodiad. Felly, roedd Lynette i fod i roi tystiolaeth mewn achos llys, wythnos ar ôl iddi farw. Roedd ar Lynette ofn Cordle a'i mam ac felly roedd gan yr heddlu resymau i holi Cordle ar ôl i Lynette farw.

Ond nid y nhw oedd wedi'i lladd. Roedd yr heddlu'n gwybod mai dyn oedd wedi llofruddio Lynette am fod cromosom dyn yn y gwaed oedd yn y fflat. Felly, ddim Francine Cordle na'i mam oedd wedi lladd Lynette.

Roedd Abdullahi yn credu i Lynette ddweud wrth yr heddlu bod Tony Miller a Francine Cordle wedi cuddio yn ei gartref ar ôl iddyn nhw ymosod ar Garton. Dyna pam nad oedd e'n hoff ohoni hi.

Ar y nos Sadwrn y buodd Lynette farw roedd Abdullahi'n gweithio yn nociau'r Barri, wyth milltir o Gaerdydd. Roedd yn gweithio yno fel labrwr ar long o'r enw'r *Coral Sea* a hefyd yn weldio a hollti metel. Byddai'n taflu'r darnau o fetel ar y doc lle roedd criw o werthwyr metel sgrap yn aros amdano.

Er nad oedd e'n hoff iawn o Lynette, cafodd Abdullahi ei ddychryn gan ei llofruddiaeth. Roedd e'n awyddus i roi pob help i'r heddlu er mwyn dal y llofrudd.

Roedd Steve Miller, cyn-gariad Lynette, hefyd am gynnig help i'r heddlu. Cafodd ei holi am y tro cynta ychydig oriau ar ôl i'r heddlu ddod o hyd i gorff Lynette yn 7 Stryd James. Cafodd gyfweliad gyda ditectifs o Heddlu De Cymru. Disgrifiodd Miller yn union lle roedd o, a gyda phwy, pan gafodd Lynette ei lladd. Ar 16 Chwefror cafodd ei ryddhau a dywedodd Heddlu De Cymru nad oedden nhw yn ei amau bellach. Gwnaeth Miller wyth datganiad pellach yn ystod y mis wedi i Lynette gael ei lladd.

Roedd profion fforensig yn dangos nad Miller a laddodd Lynette. Fe wnaeth y ditectifs gynnal profion ar ei ddillad, ei waed a'i gar, ac roedd y profion i gyd yn negatif. Felly, doedd gan yr heddlu ddim rheswm i holi Miller eto. Roedd canlyniadau'r profion wedi dangos yn glir had fe oedd yn gyfrifol.

Roedd Abdullahi a Tony Paris yn ceisio helpu'r ymchwiliad hefyd. Roedd Butetown yn gymuned glòs gyda phawb yn nabod ei gilydd. Ac er bod y cymdogion yn ffraeo weithiau roedd yn gas ganddyn nhw lofruddiaeth fel hyn. Roedd y gymuned i gyd wedi dychryn, ac roedd ar y puteiniaid lleol ofn am eu bywydau. Doedden nhw ddim am fynd yn ôl i weithio ar y stryd gyda llofrudd gwallgo o gwmpas. Cafodd miloedd o bobl yr ardal eu holi yn ystod yr ymchwiliad. Yn wir, casglodd yr heddlu 22,000 o dudalennau o wybodaeth.

Ond o leia roedd gan yr heddlu un cliw – y dyn oedd wedi'i weld yn crio yn ardal y fflat ar ddydd Sant Ffolant.

Cafodd llun Ffotoffit o'r dyn ei greu a'i ddangos ar raglen *Crimewatch* ar 17 Mawrth. Awgrymodd y Ditectif Prif Uwch-arolygydd John Williams mai dyma wyneb y dyn oedd yn gyfrifol am lofruddio Lynette.

Dywedodd llawer o bobl iddyn nhw weld y dyn yn y Ffotoffit. Yn wir, roedd e wedi'i weld yng Nghaerdydd yn ystod yr wythnos cyn i Lynette gael ei lladd. Dywedodd un person i'r dyn yn y llun gael ei daflu allan o gaffi gan y perchennog. Roedd rhywun arall wedi gweld y llofrudd honedig yn y Casablanca ar noson 14 Chwefror.

Ond ddaethon nhw ddim o hyd i'r dyn.

5.

ERBYN MIS EBRILL ROEDD CID Heddlu De Cymru wedi llunio rhestr o 12 person roedden nhw eisiau cael mwy o wybodaeth amdanyn nhw.

Cawson nhw hefyd broffil seicolegol o'r llofrudd gan yr Athro David Canter. Canter oedd un o'r rhai cynta i ddefnyddio proffil seicolegol i helpu'r heddlu i ymchwilio i lofruddiaethau. Daeth y math yma o waith yn enwog yn y gyfres deledu *Cracker*.

Roedd Canter o'r farn mai cleient oedd yn gyfrifol am lofruddio Lynette. Dywedodd fod gan y llofrudd drafferthion meddyliol, a'i fod yn colli ei dymer yn hawdd. Roedd o yn ei 20au, ym marn Canter. Doedd gan y llofrudd ddim sgiliau gwaith, a byddai'n symud o swydd i swydd. Byddai'r person yma yn debyg o gyfadde i'r drosedd, dim ond i'r heddlu roi pwysau arno. Doedd y llofrudd ddim wedi bwriadu lladd Lynette, meddai Canter.

Dangosodd y profion fforensig mai dyn oedd y llofrudd ac roedd hyn yn cryfhau'r gred mai cleient oedd wedi lladd Lynette. Buodd yr heddlu'n holi nifer o gleients Lynette – gan gynnwys dyn oedd yn cael ei alw'n Mr X. Pan luniodd y CID restr o 12 dyn roedden nhw'n eu hamau, roedd enw Mr X yn eu plith.

Dyw hi ddim yn bosib cyhoeddi enw iawn Mr X am resymau cyfreithiol ond roedd e'n 50 oed pan gafodd Lynette ei lladd yn 1988, ac roedd yn droseddwr amlwg. Roedd e wedi'i gyhuddo yn y gorffennol o dreisio merch chwech oed ac wedi cael carchar am 10 mlynedd am droseddau yn ymwneud â merched a phlant.

Roedd Mr X yn byw gyda'i fam rhyw 20 munud o Butetown, ac roedd ei ddoctor hyd yn oed yn ei ddisgrifio fel seicopath. Ar ôl iddo sefyll yn noethlymun o flaen gwraig oedd yn byw yn yr un fflatiau ag e ym Mai 1985, fe wnaeth hi ymosod ar Mr X.

Penderfynodd y wraig gwyno wrth yr heddlu am fod plant bach yn chwarae yn y cyffiniau. Ar ôl ymchwilio penderfynodd yr heddlu beidio cyhuddo Mr X. Roedd y wraig wedi gwylltio o ganlyniad i hyn a rhai wythnosau wedyn ymosododd hi ar Mr X gyda chyllell torri cig. Plediodd y wraig yn euog o anafu Mr X ond hefyd clywodd y llys pa mor beryglus oedd e – roedd e wedi'i gyhuddo gan yr heddlu sawl gwaith.

Roedd yr heddlu oedd yn ymchwilio i'r achos

wedi ystyried y gallai Mr X fod wedi lladd Lynette White. Casglon nhw lawer o eitemau gyda gwaed arnyn nhw o'r fflat, ac roedd hi'n bosib mai gwaed Mr X oedd hwnnw. Cafodd sampl o'i waed ei anfon i Labordai Gwyddoniaeth Fforensig y Swyddfa Gartre.

Roedd gan Mr X gysylltiad gyda Mark Grommek a Paul Atkins am ei fod yntau hefyd yn hoyw ac yn cymysgu gyda dynion hoyw. Roedd Grommek ac Atkins yn hoyw ac yn hawdd eu perswadio. Roedd y ddau wedi treulio cyfnodau yn y carchar. Roedd Atkins yn mynd i 7 Stryd James yn aml ac roedd Grommek yn byw yn y fflat uwchben fflat Lynette White.

Ychydig ddyddiau ar ôl i Mr X ymddangos ar restr Heddlu De Cymru, gwnaeth Atkins honiadau yn erbyn Grommek. Roedd olion bysedd Atkins wedi eu darganfod yn y fflat lle cafodd Lynette ei lladd. Ond gan ei fod yn mynd i'r fflat yn gyson roedd hi'n amhosib dweud yn union pryd y buodd e yno.

Ar 26 Ebrill arwyddodd Atkins ddatganiad yn cyhuddo Grommek o lofruddio Lynette White. Yna cyfaddefodd Atkins mai fe laddodd Lynette. Roedd ei ddatganiad yn cynnwys pedwar fersiwn gwahanol o'r stori. Roedd hi'n amlwg nad Atkins na Grommek oedd yn gyfrifol.

6.

DROS Y MISOEDD NESA cafodd straeon o bob math eu hadrodd ar strydoedd Butetown. Wrth i bobl hel clecs aeth pawb i amau'i gilydd, a dechreuodd sawl un newid ei stori i'r heddlu.

Roedd Abdullahi wedi cael ei holi ac wedi esbonio'i fod yn gweithio yn nociau'r Barri y noson honno – ond ar 19 Mai cyhuddodd Learnne Vilday Abdullahi a Steve Miller o lofruddio Lynette.

Roedd Miller wedi mynd yn ôl i Lundain. Roedd e wedi cael digon ar yr awyrgylch yn Butetown. Teimlai Vilday yn grac am hyn gan gredu y dylai Miller ddiodde peth o'r drafferth roedd hi'n ei ddiodde. Dyna pam y gwnaeth hi'r cyhuddiad yn ei erbyn e ac Abdullahi.

Yn nes ymlaen, dywedodd Vilday wrth dditectif ei bod wedi meddwi pan wnaeth y cyhuddiad yn erbyn Miller ac Abdullahi. Dywedodd Vilday nad oedd y cyhuddiadau yn wir ac roedd hi'n teimlo'n grac ar y pryd am fod ei chariad wedi'i gadael ac wedi mynd yn ôl i fyw at ei hen gariad. Dywedodd Vilday iddi siarad gyda ditectif arall yn gynharach yn y dydd ac roedd hwnnw wedi sôn am Abdullahi a Miller. Roedd Vilday wedi mynd adre ac ar ôl iddi feddwi cyhuddodd y ddau.

Unwaith eto, doedd yr honiad ddim yn wir. Gwnaeth eraill honiadau ynglŷn ag Abdullahi a chafodd ei holi unwaith eto gan yr heddlu. Er iddo ddweud ei fod yn gweithio yn y Barri ar y noson y cafodd Lynette ei llofruddio, eto i gyd roedd yr heddlu yn dal i feddwl efallai fod Miller ac Abdullahi wedi chwarae rhan yn y llofruddiaeth.

Ac ym mis Hydref daeth yr heddlu ar draws tyst o'r enw Violet Perriam, oedd yn gweithio fel stiward yng nghlwb hwylio Caerdydd. Dywedodd hi wrth yr heddlu iddi weld pedwar dyn du y tu allan i'r fflat yn Stryd James wrth yrru heibio ar y noson pan gafodd Lynette ei llofruddio.

Ychydig wythnosau wedyn fe enwodd Perriam ddau o'r dynion. Un ohonyn nhw oedd John Actie. Yna aeth yr heddlu ar ôl tyst arall, sef Angela Psaila. Roedd ei chartre yn agos at fflatiau Stryd James lle roedd Perriam wedi dweud iddi weld y dynion. Roedd Psaila wedi gobeithio cael llonydd ar ôl i Vilday symud allan o'i fflat – roedd hi wedi cael llond bol ar yr holl sylw, a'r trafferth efo'r heddlu.

Roedd yr heddlu wedi holi Psaila sawl gwaith. Ar y dechrau dywedodd wrthyn nhw ei bod adre ar y noson pan gafodd Lynette ei llofruddio ac yn edrych ar ôl babi ei ffrind, Learnne Vilday.

Ond pan aeth yr heddlu yn ôl at Psaila fis Hydref, dechreuodd ei stori newid. Ar ôl yr ail gyfweliad gyda'r heddlu, dywedodd iddi weld John a Ronnie Actie, Abdullahi a Steve Miller, y tu allan i 7 Stryd James am hanner nos y noson y bu farw Lynette. Dywedodd Psaila ei bod yn gwybod bod Lynette yno am ei bod yn cuddio rhag Miller.

Dywedodd ei bod wedi gweld John Actie a Miller wrth ddrws y fflat yn Stryd James. Dywedodd fod Ronnie Actie wedi dod yn ôl tua 3 a.m. ac wedi gweiddi y tu allan i fflat Mark Grommek, oedd uwchben fflat Lynette, a bod dyn wedi agor y drws iddo. Roedd Miller wedi'i bygwth â chyllell yn ystod y bore, meddai Psaila. Pan ofynnodd yr heddlu i Psaila oedd hi wedi gweld rhywun arall gyda Miller a'r ddau Actie, dywedodd fod Tony Paris yno.

Cafodd ei chyf-weld unwaith eto ar 22 Tachwedd a 6 Rhagfyr ac ychwanegodd fwy o 'ffeithiau'. Erbyn hynny dywedodd iddi glywed sgrechian yn dod o'r fflat. Doedd neb oedd yn byw yn yr adeilad wedi dweud cyn hynny eu bod wedi clywed sgrechian.

Ar 22 Tachwedd hefyd cafodd Mark Grommek a Paul Atkins eu cyf-weld unwaith eto – a'r tro hwn dywedodd y ddau ohonyn nhw hefyd iddyn nhw glywed sgrechian yn dod o'r fflat.

Ar y dechrau roedd Grommek wedi gwadu ei fod adre ar y noson y lladdwyd Lynette. Ond roedd rhywun wedi'i weld wrth ddrws ffrynt 7 Stryd James yn oriau mân y bore, 14 Chwefror – tua phedair awr ar ôl i Lynette gael ei llofruddio.

Erbyn hyn roedd Grommek ac Atkins yn dweud iddyn nhw weld pedwar o ddynion y tu allan i'r fflat. Dywedodd Grommek ei fod wedi mynd i lawr i ateb y drws i Ronnie Actie. Roedd e wedi mynd yn ôl i'w fflat yn sydyn rhag ofn iddo gael ei guro am ei fod yn hoyw, meddai. Dywedodd hefyd iddo weld Abdullahi, Ronnie Actie, un dyn gwyn lleol a dyn du gyda *dreadlocks* yn ymyl y fflat.

Erbyn hyn, roedd yr heddlu wedi colli diddordeb yn Mr X, a oedd yn nabod Grommek ac Atkins. Roedd Mr X wedi cael ei gyf-weld ym mis Medi. Cyfaddefodd ei fod wedi talu Lynette yn y gorffennol am gael rhyw gyda hi. Gofynnodd yr heddlu iddo lle roedd e ar noson y llofruddiaeth. Doedd Mr X ddim yn cofio. Roedd ditectifs yn credu bod Mr X ar fin cyfadde mai fe oedd wedi llofruddio Lynette.

Yn ystod mis Hydref, roedd yr heddlu'n dal i gadw llygad arno. Ond erbyn hyn roedd Violet Perriam wedi sgwrsio gyda'r heddlu, ac wedi sôn am y dynion roedd hi wedi'u gweld y tu allan i'r fflat. Ac ar ddechrau Tachwedd daeth y newyddion oddi wrth y gwyddonwyr fforensig – doedd DNA Mr X ddim yr un peth â'r DNA y daethon nhw o hyd iddo yn fflat Lynette.

Nid Mr X felly oedd y llofrudd.

Erbyn hyn roedd pethau wedi newid yn fawr iawn. Bellach doedd yr heddlu ddim yn chwilio am ddyn gwyn – y dyn gwyn a fuodd yn crio y tu allan i fflat Lynette ar 14 Chwefror. Yn hytrach roedden nhw wedi targedu criw o ddynion du, er bod gan y rhan fwya ohonyn nhw alibis cadarn. Doedd dim tystiolaeth fforensig i gyhuddo'r dynion hynny, a doedden nhw ddim yn cyfateb i broffil yr Athro David Canter.

Ond roedd gan yr heddlu bump enw roedden nhw yn eu hamau o lofruddio Lynette White.

7.

Cafodd Steve Miller, cyn-gariad Lynette, ei arestio ar 7 Rhagfyr yn Llundain. Cafodd ei holi 19 o weithiau mewn pedwar diwrnod. Treuliodd bron i 13 awr yn y stafell holi. Treuliodd yr heddlu'r saith cyfweliad cynta yn ceisio chwalu ei alibi – honnodd Miller ei fod yng nghlwb y Casablanca yn ystod yr amser pan gafodd Lynette ei lladd. Erbyn y seithfed cyfweliad roedden nhw'n ei gyhuddo o fod yn y fflat pan gafodd y butain ei lladd. Roedd y ditectifs yn ei gam-drin a'i fwlio.

Gwadodd Miller pob cyhuddiad. Dywedodd 300 o weithiau nad oedd ganddo ddim i'w wneud â llofruddiaeth Lynette. Ond daliai'r heddlu i weiddi arno gan ddweud mai fe oedd yn gyfrifol. Roedd y pwysau ar Miller yn ofnadwy ac yn waeth o gofio ei fod yn ddyn hawdd ei berswadio, am mai 'IQ' plentyn cyffredin 11 oed oedd ganddo.

Newidiodd pethau wrth i'r cyfweliadau fynd yn eu blaenau. Dechreuodd Miller dderbyn ei bod hi'n bosib iddo fod o dan ddylanwad cyffuriau a'i fod wedi anghofio iddo fod yn y fflat pan gafodd Lynette ei llofruddio.

Roedd yr heddlu'n bwydo gwybodaeth yn gyfrwys i Miller yn ystod y cyfweliadau hyn. Yna, byddai Miller wedyn yn cynnig yr un wybodaeth yn ôl i'r heddlu yn ail law, a'r rheini yn derbyn ei sylwadau fel ffeithiau. Yr hyn a wnâi Miller oedd ailgylchu'r hyn roedd y ditectifs wedi dweud wrtho a dweud yr hyn roedden nhw eisiau ei glywed.

Mae chwe munud cynta cyfweliad rhif 18 yn syfrdanol. Yn y cyfweliad hwnnw, disgrifiodd Miller sut roedd Tony Paris wedi penlinio dros gorff Lynette ac wedi'i thrywanu. Dywedodd fod Ronnie a John Actie yn y stafell hefyd a'u bod nhw yn ogystal wedi trywanu Lynette.

Dywedodd yr heddlu wrtho fod nifer o bobl wedi'i enwi fel un o'r llofruddwyr. Ond y gwir amdani oedd mai dim ond un tyst a wnaeth y ffasiwn beth, sef Learnne Vilday – a doedd hi ddim yn dyst da iawn.

Cafodd Miller ei arestio ar sail ei thystiolaeth hi. Ar ôl yr oriau o fwlio, cafodd yr heddlu eu dymuniad. Cyfaddefodd Miller ei fod wedi llofruddio Lynette White.

Roedd manylion ei stori yn groes i bron pob ffaith bendant am lofruddiaeth Lynette. Er enghraifft, dywedodd Miller fod yr anaf cynta wedi'i achosi i stumog y butain. Ond roedd y patholegydd, yr Athro Bernard Knight, wedi profi mai yn ei gwddf y cafodd Lynette ei hanafu gyntaf. Doedd hynny ddim yn bwysig i'r heddlu ar y pryd gan eu bod nhw wedi llwyddo i berswadio Steve Miller iddo lofruddio Lynette White.

8.

Ond roedd hi'n llawer anoddach perswadio Tony Paris, Yusef Abdullahi, Ronnie Actie, a John Actie.

Doedden nhw ddim yn disgwyl cael eu harestio, ac yn wir roedd yn brofiad newydd i rai o'r dynion. Doedd Tony Paris erioed wedi cael ei holi'n galed fel hyn o'r blaen ond wnaeth e ddim plygu i'r heddlu. Gwadodd drwy'r amser iddo fod yn gyfrifol am lofruddio Lynette.

Cafodd Abdullahi ei holi 20 o weithiau. Dywedodd ei fod yn gweithio ar long y *Coral Sea* yn nociau'r Barri pan gafodd Lynette ei llofruddio. Dywedodd hyn fwy na 500 o weithiau wrth y ditectifs pan gafodd ei holi.

Gwadodd John Actie ei fod yn y fflat pan gafodd Lynette ei lladd. Roedd wedi'i enwi gan Psaila fel un o'r dynion oedd y tu allan i'r fflat ar y noson honno.

Dywedodd un ditectif wrth holi Ronnie Actie fod hanner gweithwyr y dociau'n dweud bod ganddo ran yn llofruddiaeth Lynette. Doedd hyn ddim yn wir, wrth gwrs. Ceisiodd yr heddlu ei fwlio i gyfadde ond roedd Actie'n galetach dyn na Miller, a gwaeddodd yn ôl ar yr heddlu wrth iddyn nhw geisio'i berswadio.

Chafodd yr heddlu ddim cyfaddefiad gan yr un o'r dynion eraill – ond roedd Miller wedi cyfadde. Ac ar 11 Rhagfyr 1988, cafodd Miller, Paris, Abdullahi, a John a Ronnie Actie eu cyhuddo o lofruddio Lynette White.

9.

Cafodd cryn stŵr ei greu ynglŷn â'r ffaith fod yr achos yn cael ei gynnal yn Llys y Goron, Abertawe. Mae'r gyfraith yn dweud bod gan rywun sydd wedi'i gyhuddo o drosedd yr hawl i gael ei brawf o flaen pobl sy'n dod o'r un cefndir ac yn byw yn yr un ardal â nhw. Ond mae Abertawe'n hollol wahanol i ddociau Caerdydd lle roedd y pump dyn yn byw.

Ond chafodd yr achos mo'i symud i Gaerdydd. Ac ar ôl 10 mis yn y carchar, dechreuodd prawf 'Pump Caerdydd' ym mis Hydref 1989. Y barnwr oedd Meistr Ustus McNeill. Doedd cyfreithwyr y pump dyn ddim yn hapus gyda'r barnwr. Yn ystod yr achos fe gasglon nhw 40 rheswm pam y dylai'r dynion apelio pe bai'r llys yn eu cael yn euog. Roedd y rhan fwya o'r rhesymau yn codi oherwydd ymddygiad Meistr Ustus McNeill. Ysgrifennodd y newyddiadurwr Satish Sekar lyfr o'r enw *Fitted In*, sy'n trafod yr achos. Yn y llyfr mae Sekar yn dweud bod y barnwr, wrth grynhoi'r achos, fwy neu lai wedi arwain y rheithgor i gael y pump yn euog.

Ond ar ôl i'r achos gael ei gynnal am bum mis bu farw'r barnwr o drawiad ar y galon. Felly roedd yn rhaid mynd dros yr holl wybodaeth unwaith eto. Cychwynnodd yr ail achos llys ar 10 Mai 1990 yn Llys y Goron, Abertawe. Meistr Ustus Leonard oedd y barnwr y tro hwn.

Sylfaen yr achos yn erbyn Steve Miller oedd ei gyfaddefiad. Doedd yna ddim tystiolaeth fforensig yn ei erbyn. Gwadodd yr heddlu eu bod wedi bod yn greulon wrth holi Miller.

Roedd yr achos yn erbyn Tony Paris yn dibynnu ar dystiolaeth lleidr arfog o'r enw Ian Massey, a oedd yng Ngharchar Caerdydd gyda Paris. Roedd Massey'n gobeithio apelio yn erbyn ei gyhuddiad ac yn barod i wneud unrhyw beth i gael ei ryddhau. Dywedodd Massey wrth yr heddlu fod Paris wedi cyfadde bod Pump Caerdydd wedi llofruddio Lynette White ond ychwanegodd nad oedden nhw wedi bwriadu ei lladd wrth ymosod arni.

Sail yr achos yn erbyn Ronnie Actie oedd gair tri llygad-dyst oedd yn dweud iddyn nhw ei weld yn 7 Stryd James. Roedd y dystiolaeth yn erbyn ei gefnder, John, yn dibynnu ar Violet Perriam a ddywedodd iddi ei weld y tu allan i'r fflat wrth iddi yrru drwy'r ardal.

Roedd yr achos yn erbyn Yusef Abdullahi yn dibynnu ar dystiolaeth dau ddyn oedd yn credu bod Abdullahi wedi mynd yn ôl i Gaerdydd, o'r Barri, y noson honno.

Gwadodd Miller iddo ladd Lynette a dweud wrth y llys ei fod wedi cyfadde am fod yr heddlu eisiau iddo fe wneud. Dywedodd Paris ei fod yn casglu gwydrau yn y Casablanca y noson y buodd Lynette farw, gan ychwanegu nad fe a laddodd y ferch. Gwadodd hefyd fod Miller yn ffrind iddo. Gwadodd Abdullahi iddo ladd Lynette, gan ddweud unwaith eto ei fod ar y *Coral Sea* yn y Barri pan gafodd Lynette ei llofruddio – a dywedodd sawl tyst wrth y llys fod hynny'n wir. Doedd John Actie ddim yn adnabod y pedwar arall a doedd e ddim yn cymysgu â phuteiniaid. Penderfynodd Ronnie Actie beidio rhoi tystiolaeth yn y llys.

Treuliodd Meistr Ustus Leonard chwe diwrnod yn trafod y ffeithiau. Fe aeth y rheithgor i ystyried eu penderfyniad ar 19 Tachwedd 1990. Ar 22 Tachwedd, daeth yr achos llofruddiaeth hiraf yn hanes Cymru a Lloegr i ben.

Roedd Ronnie a John Actie yn ddieuog. Ond roedd Steve Miller, Tony Paris, ac Yusef Abdullahi yn euog, meddai'r rheithgor.

Dywedodd Abdullahi wrth y llys, 'Doeddwn i ddim hyd yn oed yng Nghaerdydd. Rydych chi wedi dwyn fy mywyd i. Rydw i'n ddieuog.'

Roedd John a Ronnie Actie'n rhydd. Cawson

nhw eu cyfweld gan y wasg y tu allan i'r llys. Dywedodd y ddau wrth y dyrfa fod y tri dyn arall hefyd yn ddieuog er eu bod wedi'u hanfon i'r carchar.

10.

Dywed Satish Sekar yn ei lyfr *Fitted In* fod hyd yn oed y barnwr wedi cael sioc wrth glywed y penderfyniad.

Roedd y rheithgor wedi derbyn gair y tystion fod Miller, Paris, ac Abdullahi yn y fflat a'u bod wedi lladd Lynette. Eto i gyd, roedd y rheithgor yn meddwl bod yr un tystion yn dweud celwydd am Ronnie a John Actie. Roedd y rheithgor hefyd wedi derbyn gair Miller wrth iddo enwi Paris fel un o'r llofruddwyr.

Cafodd pwyllgor ei greu i ymgyrchu ar ran y tri oedd wedi'u carcharu. Cafodd ei alw yn 'Ymgyrch Tri Caerdydd'. Teulu Abdullahi a theulu Paris oedd yn gyfrifol am gychwyn yr ymgyrch, ond roedden nhw hefyd am helpu Miller. Roedden nhw'n benderfynol o brofi bod Tri Caerdydd yn ddieuog.

Yn fuan dechreuodd newyddiadurwyr a darlledwyr edrych i mewn i'r achos. Papur newydd yr *Observer* oedd y papur cenedlaethol cynta i amau'r penderfyniad, a hynny mewn erthygl yn Chwefror 1991. Ym mis Mawrth cyhoeddodd y *Guardian* erthygl oedd yn amau'n fawr a oedd y dynion yn euog. Cafodd rhaglen ynglŷn â'r achos ei darlledu ar Channel 4.

Roedd cyfreithwyr Tri Caerdydd wedi derbyn datganiadau a gafodd eu gwneud gan 22 o dystion yn ystod ymchwiliad yr heddlu i'r llofruddiaeth. Efallai y byddai'r datganiadau hyn wedi gallu profi alibis y dynion. Dewisodd yr erlyniad beidio â'u datgelu yn ystod yr achos.

Ar 5 Mai 1991, cafodd Tony Paris a Yusef Abdullahi yr hawl i apelio. Dechreuodd Satish Sekar helpu Miller i ddod o hyd i gyfreithiwr newydd. Cysylltodd Sekar â Gareth Peirce, y gyfreithwraig oedd wedi bod yn rhan o apêl lwyddiannus Pedwar Guildford a Chwe Birmingham.

Roedd yr ymgyrch i ryddhau Tri Caerdydd yn cynyddu gan ddenu llawer o gefnogwyr. Roedd gohebwyr yn eu cefnogi ac yn ymchwilio i'r achos wrth i dystiolaeth newydd gael ei chynnig. Dywedodd Dr Tony Black, seicolegydd profiadol, y byddai disgwyl i un llofrudd chwydu mewn sefyllfa lle roedd yna fwy nag un llofrudd. Ond doedd dim chŵd yn y fflat yn Stryd James.

Ym mis Chwefror 1992 cafodd y rhaglen 'Unsafe Convictions' ei darlledu ar *Panorama* ar y BBC. Dangosodd y rhaglen pam fod penderfyniad y llys yng anghywir drwy ddangos bod cyfaddefiad Miller yn nonsens. Dechreuodd rhai o'r tystion oedd wedi dweud iddyn nhw weld y dynion y tu allan i'r fflat dynnu eu geiriau'n ôl. Dywedodd un dyn oedd wedi honni iddo weld Abdullahi y tu allan i'r fflat ei fod wedi gwneud camgymeriad.

Dechreuodd apêl Tri Caerdydd ar 7 Rhagfyr 1992, o flaen yr Arglwydd Brif Ustus, yr Arglwydd Taylor; Meistr Ustus Laws; a Meistr Ustus Popplewell.

Roedd pedair blynedd union ers i Miller, Paris, ac Abdullahi gael eu harestio.

11.

MICHAEL MANSFIELD QC OEDD bargyfreithiwr y tri. Roedd wedi cynrychioli Pedwar Guildford a Chwe Birmingham. Yn 2008 cynrychiolodd Mohamed Fayed yng nghwest y Dywysoges Diana.

Dadleuodd Mr Mansfield fod Heddlu De Cymru wedi dibynnu ar dystion nad oedd yn bosibl dibynnu arnyn nhw. Cyhuddodd y ditectifs a fuodd yn holi Miller o'i fwlio er mwyn iddo gyfadde. Dywedodd hefyd fod y gwaed oedd wedi'i ddarganfod yn fflat Lynette yn perthyn i grŵp prin – ond nad oedd y gwaed yn perthyn i Miller, Paris, nac Abdullahi.

Clywodd Llys yr Apêl seithfed cyfweliad gyda Miller ar y tâp. Dyma'r tro cynta i'r holl gyfweliad gael ei glywed mewn llys. Dim ond hyd at dudalen 17 o sgript y cyfweliad gafodd ei glywed yn y ddau achos llys gwreiddiol. Ond wnaeth y bwlio go iawn ddim dechrau tan dudalen 20. Gwrandawodd y llys ar y tâp a chlywodd y barnwyr yr heddlu yn bwlio Miller a'i gam-drin. Roedd hi'n amlwg i bawb yn Llys yr

Apêl fod yr achos yn erbyn Miller yn chwalu.

Ond dywedodd David Elfer, ar ran y Goron, fod tystiolaeth Ian Massey hefyd yn brawf yn erbyn Paris.

'Y celwyddgi a'r lleidr arfog hwnnw,' meddai Meistr Ustus Law – ymateb oedd yn dangos pa mor wan oedd yr achos yn erbyn Paris.

Ceisiodd Mr Elfer ddadlau bod achos annibynnol yn erbyn Abdullahi ond doedd Llys yr Apêl ddim yn credu hynny.

Ni ddylai'r rheithgor fod wedi cael Paris ac Abdullahi'n euog am fod Miller wedi cyfadde, meddai Llys yr Apêl ar 16 Rhagfyr. Doedd y cyfaddefiad ddim yn dderbyniol fel tystiolaeth yn eu herbyn. Fe wnaeth y barnwr, Meistr Ustus Leonard, atgoffa'r rheithgor o hyn yn yr achos gwreiddiol ond cafodd geiriau'r barnwr eu hanwybyddu gan y rheithgor.

Dywedodd Llys yr Apêl nad oedd hi'n bosib defnyddio tystiolaeth a ddaeth o'r cyfweliadau. Felly doedd y dyfarniad o gael y tri'n euog ddim yn ddiogel, meddai Llys yr Apêl.

Roedd hunllef Tri Caerdydd ar ben. Cawson nhw eu rhyddhau ar ôl i'r llys wrando ar gyfweliad Miller a chafodd y llys ddim cyfle i glywed apêl llawn y tri.

Roedd Heddlu De Cymru'n anhapus ac roedden nhw'n gwrthod ailagor yr ymchwiliad

– roedden nhw fwy neu lai'n dweud bod Miller, Abdullahi, a Paris yn euog. Rhoddodd yr heddlu'r argraff mai ar fater technegol y cafodd y tri eu rhyddhau. I fod yn deg, yn dilyn yr achos fe wnaeth Heddlu De Cymru sefydlu trefn fwy teg o holi pobl oedd yn cael eu hamau o droseddu.

Er bod Tri Caerdydd yn rhydd, roedd llofrudd Lynette White heb ei ddal.

12.

Gwaith caled Satish Sekar arweiniodd at ailagor yr ymchwiliad. Cafodd help gan Alun Michael, Aelod Seneddol ardal Butetown a llefarydd y Blaid Lafur ar faterion cartref. Astudiodd Sekar sut roedd pethau wedi newid ym myd gwyddoniaeth fforensig a DNA. Sylwodd fod camgymeriadau gwyddonol wedi'u gwneud yn ystod yr ymchwiliad gwreiddiol a bod y broses wedi gwella erbyn 1995.

Ym Mai 1996 cafodd Sekar a mam Lynette, Peggy Pesticcio, gyfarfod gyda'r Ditectif Prif Uwch-arolygydd David Jones a'r Prif Gwnstabl Cynorthwyol Paul Wood o Heddlu De Cymru.

Roedd yr hyn a ddywedodd yr heddlu wedi i Tri Caerdydd gael eu rhyddhau yn 1992 yn awgrymu eu bod yn dal i gredu mai Miller, Paris, ac Abdullahi oedd yn gyfrifol am ladd Lynette. Ond yn y cyfarfod dywedodd David Jones fod Pump Caerdydd yn ddieuog a bod Heddlu De Cymru'n gwneud eu gorau glas i geisio datrys y drosedd.

Ond aeth blynyddoedd heibio cyn iddyn nhw lwyddo.

13.

DAETHON NHW O HYD i smotyn o waed ar seloffen pecyn sigaréts yn fflat Lynette White. Rhwygodd yr heddlu'r sgertin o waelod wal y fflat a dod o hyd i fwy o samplau o'r un gwaed.

Defnyddiodd yr heddlu wyddoniaeth fforensig oedd yn well na'r wyddoniaeth oedd wedi cael ei defnyddio yn yr achos gwreiddiol. Cafodd yr heddlu restr o 600 o enwau oedd gyda phroffil DNA tebyg i'r gwaed ddaethon nhw o hyd iddo yn y fflat.

Roedd un proffil yn debyg iawn. Dechreuodd yr heddlu gymryd samplau gan aelodau eraill teulu'r dyn hwnnw. Enw'r dyn oedd Jeffrey Gafoor, dyn gwyn oedd yn ei 20au yn 1988. Roedd Gafoor yn gweithio ar safle adeiladu pan aeth yr heddlu i'w weld yn 2003. Roedd e'n 38 erbyn hynny. Cytunodd i brawf DNA ac roedd y prawf yn bositif.

Gwaed Jeffrey Gafoor oedd yn fflat Lynette White.

Cafodd Gafoor ei fagu yn Nhrelái a Sblot, yng Nghaerdydd, yr ieuenga o bump o blant. Roedd e'n byw gyda'i chwaer a'i gŵr mewn siop yn y Rhath, Caerdydd, yn 1988, rhyw dair milltir o Butetown.

Fyddai Gafoor ddim yn mynd allan yn aml a doedd e ddim yn cymysgu efo neb. Fel arfer byddai'n gweithio, darllen, neu wylio'r teledu. Doedd e ddim yn mynd i'r dafarn nac i glybiau gyda'r nos, a doedd e ddim yn yfed cwrw nac yn smocio nac yn defnyddio cyffuriau. Doedd ganddo ddim cariad, ac roedd e'n byw bywyd digon tawel. Doedd ganddo ddim llawer o ffrindiau yn yr ysgol, na chwaith ar ôl gadael yr ysgol.

Person di-nod oedd Jeffrey Gafoor.

Fe aeth i'r Almaen i weithio gyda'i frawd-yng-nghyfraith yn 1991, tair blynedd wedi iddo fe fod yn y fflat uwchben y bwci yn Butetown gyda Lynette White. Pan aeth i'r Almaen, felly, roedd tri dyn dieuog yn y carchar am lofruddio Lynette.

Roedd yna ddigon o ferched yn yr Almaen a digon o gyfle i ddyn sengl fel fe i ddod i'w nabod – ond wnaeth Gafoor ddim unrhyw ymdrech. Doedd Gafoor ddim yn hoffi edrych ar bornograffi chwaith, meddai ei frawd-yng-nghyfraith.

Ond buodd yn rhaid iddo fynd i'r llys yn 1992. Yn dilyn ffrae gyda chyd-weithiwr, tarodd

Gafoor y dyn gyda hanner bricsen. Cafodd ddedfryd o 80 awr o wasanaeth cymunedol gan y llys.

Gadawodd y siop yn y Rhath yn 1993 a mynd i fyw mewn fan, cyn dod o hyd i gartre mewn fflat. Dechreuodd weithio fel dyn seciwriti, a symudodd i Lanharan, ger Pen-y-bont. Gan ei fod e'n gweithio gyda'r nos doedd ei gymdogion yn y pentre ddim yn ei nabod. Byddai'r llenni wedi'u cau a fyddai Gafoor ddim yn gadael y tŷ'n aml.

Dywedodd cymdogion na fydden nhw yn ei weld yn aml ond roedd e'n ddymunol pan fyddai rhywun yn ei gyfarfod ar y stryd.

14.

ERBYN 28 MAWRTH 2003 roedd yr heddlu'n cadw llygaid ar Gafoor. Roedden nhw wedi cael prawf DNA positif, ac yn gwybod iddo fod yn fflat Lynette.

Gwelodd yr heddlu Gafoor un diwrnod yn prynu tabledi paracetamol mewn pedair siop wahanol, cyn mynd adre. Roedden nhw'n poeni ei fod am ladd ei hun. Am 9.30 p.m. torrodd yr heddlu i mewn i'w gartre yn Llanharan. Roedd Gafoor wedi cymryd 64 o dabledi – roedd e'n barod i farw.

Aeth yr heddlu â Gafoor i'r ysbyty. Yn yr ambiwlans dechreuodd ysgwyd a dweud, 'Er mwyn i bawb gael gwybod, fe wnes i ladd Lynette White. Rydw i wedi bod yn aros i ddweud hynny ers 15 mlynedd ac yn gobeithio y bydda i farw.'

Roedd Gafoor wedi mynd i'r dociau'r noson honno i chwilio am butain. Cwrddodd â Lynette a gwnaeth ddêl gyda'r ferch 20 oed. Byddai'n talu £30 iddi am ryw. Fe aeth y ddau yn ôl i'r fflat yn Stryd James ond am ryw reswm, roedd

Gafoor eisiau ei arian yn ôl.

Datblygodd ffrae – ac aeth y ddau i ymladd. Trywanodd Gafoor Lynette. Dywedodd Gafoor nad oedd yn gwybod beth ddigwyddodd wedyn a bod arno gywilydd. Ymosododd yn frwnt ar Lynette gyda'i gyllell. Roedd yr ymosodiad yn farbaraidd. Cafodd ei gwddf ei hollti o un glust i'r llall ac fe gafodd ei thrywanu dros 50 o weithiau. Cafodd ei harddyrnau, ei hwyneb, a'i breichiau a'i chorff, yn enwedig ei bronnau, eu torri.

Wedi iddo ladd Lynette aeth Gafoor yn ôl at ei fywyd tawel.

Daeth o flaen Llys y Goron, Caerdydd ym mis Gorffennaf 2003 a phlediodd yn euog i lofruddio Lynette. Cafodd ei anfon i'r carchar am oes. Ymddiheurodd Gafoor am ladd Lynette ac am y boen roedd wedi'i achosi i'w theulu, ac i'r dynion dieuog a gafodd eu carcharu ar gam am ei lladd.

Wythnos wedyn ysgrifennodd Syr Anthony Burden, Prif Gwnstabl Heddlu De Cymru, lythyrau personol at Dri Caerdydd. Ymddiheurodd yn ffurfiol i Steve Miller, Tony Paris, ac Yusef Abdullahi am iddyn nhw gael carchar am ladd Lynette.

Ond doedd Paris ddim yn fodlon. Dywedodd

fod yn rhaid i rywun gymryd y cyfrifoldeb am eu carcharu.

'Mi faswn i'n hoffi ei gyfarfod (Burden) er mwyn iddo allu ymddiheuro i mi ac i fy mam,' meddai Paris wrth y wasg. 'Mae rhywun yn gyfrifol am i mi fynd i'r carchar, ac am ddinistrio cymuned gyfan.'

15.

Ar ôl i Gafoor gael ei garcharu dechreuodd Heddlu De Cymru astudio llofruddiaeth Lynette White unwaith eto.

Yn 2005 cafodd nifer o bobl eu harestio, gan gynnwys plismyn a fuodd yn rhan o'r ymchwiliad gwreiddiol yn 1988. Ym mis Mawrth 2008 cafodd mechnïaeth 15 o'r rheini gafodd eu harestio ei ymestyn hyd at Fawrth 2009.

Mae hyn wedi gwylltio un o'r cyn-blismyn sydd wedi'i arestio. Dywedodd wrth y *Western Mail*, 'Fe gefais fy arestio yn Ebrill 2005, ac erbyn y bydd penderfyniad yn cael ei wneud naill ai i fy erlid i neu beidio, bydd bron i bedair blynedd wedi mynd heibio.'

Yn Chwefror 2007, cafodd Paul Atkins, Mark Grommek, Learnne Vilday, ac Angela Psaila eu cyhuddo o ddweud celwydd yn y llys yn ystod yr ail achos llys. Cafodd Grommek, Vilday, a Psaila eu cyhuddo hefyd o'r un drosedd mewn cysylltiad â'r achos cynta yn Llys y Goron, Abertawe, yn 1989.

Plediodd Vilday a Psaila'n euog fis Hydref 2008, ond y penderfyniad oedd nad oedd Atkins yn ddigon ffit i wynebu achos llys. Plediodd Grommek yn ddieuog a dechreuodd ei achos yn Llys y Goron, Caerdydd ar Hydref 16, 2008. Cafodd ei gyhuddo o roi tystiolaeth ffals yn erbyn Pump Caerdydd.

Dywedodd Grommek fod yr heddlu wedi'i fwlio yn ystod cyfweliadau yn Nhachwedd a Rhagfyr 1988. Roedd e wedi cael ei berswadio i gytuno i drefn o ddigwyddiadau fyddai'n awgrymu bod Pump Caerdydd yn gyfrifol am ladd Lynette White. Roedd e wedi'i orfodi i arwyddo datganiad nad oedd yn ddim byd ond celwydd, meddai QC yr erlyniad, Nicholas Dean.

'Roedd tystiolaeth Grommek yn gelwydd llwyr ond cafodd pwysau eu rhoi arno. Ar ôl iddyn nhw weiddi arno, cytunodd i ddilyn arweiniad yr heddlu. Er bod Grommek wedi cael ei fwlio, roedd e wedi bihafio'n hunanol,' meddai Mr Dean, y QC, wrth y llys.

'Doedd e ond yn poeni amdano ef ei hun a beth fyddai'n digwydd iddo os na fyddai'n barod i gytuno. Roedd yn barod i wneud unrhyw beth i gael llonydd gan yr heddlu heb feddwl am yr hyn fyddai'n digwydd i eraill, nac am y bobl roedd e'n dweud celwydd amdanyn nhw.'

Dywedodd Mr Dean nad oedd y ffaith i'r heddlu bwyso ar Grommek yn esgus. Roedd hi'n bosib iddo fe ddweud y gwir, ond aeth ymlaen i ddweud celwydd gan 'gysylltu dynion dieuog gyda llofruddiaeth erchyll'.

'Doedd gan y pum gŵr dieuog ddim dewis ond wynebu'r cyhuddiadau ffals,' meddai'r QC.

Dywedodd fod Grommek yn ceisio darlunio'i hun fel un oedd wedi diodde, ond y rhai a wnaeth ddiodde go iawn oedd Steve Miller, John a Ronnie Actie, Tony Paris, Yusef Abdullahi, ac wrth gwrs Lynette White. Dywedodd Grommek gelwydd ddwywaith mewn llys – yn 1989 ac yn 1990. Dywedodd gelwydd hefyd wrth raglen *Panorama*'r BBC.

Cafodd Grommek ei holi gan yr heddlu yn 2004. Dywedodd wrthyn nhw ei fod e eisiau llonydd. 'Roeddwn i am i'r heddlu adael llonydd i mi,' meddai yn ystod y cyfweliad hwnnw. Roedd arno ofn beth fyddai'n digwydd pe bai'n newid ei stori. Cafodd ei arestio am lofruddio Lynette unwaith, ond ni chafodd ei gyhuddo. 'Roedd arna i ofn be fyddai'r heddlu yn ei wneud i mi. Roedd arna i ofn y baswn i'n cael fy ngharcharu.'

Dywedodd bod un ditectif wedi taflu cadeiriau o gwmpas y stafell wrth ei holi ar ôl llofruddiaeth

Lynette. 'Dwi'n meddwl y gwnaeth e droi desg ar ei phen unwaith,' meddai Grommek. 'Ar ôl hynny, mi fyddwn i'n dweud wrtho fe be oedd e eisiau ei glywed, ac yna mi fydde fe'n fy ngadael i. Os na fyddwn i'n gwneud hyn mi faswn i yno am oriau.'

Dywedodd ei fod wedi gofyn am gyfreithiwr, ond roedd y ditectif wedi dweud wrtho: 'Os wyt ti eisiau cyfreithiwr, mae'n rhaid dy fod ti wedi gwneud rhywbeth o'i le.'

Cafodd ei holi tua 50 o weithiau yn ystod yr ymchwiliad i lofruddiaeth Lynette. Cytunodd i newid ei stori a chadarnhau stori Vilday a Psaila, iddyn nhw weld y dynion y tu allan i'r fflat yn Stryd James. Dywedodd un ditectif wrtho pe byddai Grommek yn cytuno gyda straeon y gwragedd, yna byddai'r pwysau arno'n diflannu.

Doedd e ddim yn sylweddoli iddo wneud dim o'i le, meddai. Pan oedd yn cael ei holi yn 2005, dywedodd Grommek: 'Cyn belled ag roeddwn i'n gwybod, roedd beth bynnag ddywedai'r heddlu yn wir.' Roedd yr erlyniad yn derbyn bod yr heddlu wedi bod yn llawdrwm gyda Grommek, ond ni ddylai fod wedi parhau gyda'r celwydd pan oedd ganddo gyfle i ddweud y gwir, meddai Mr Dean wrth y llys.

Ychydig ddyddiau ar ôl i'r achos yn ei erbyn

101

ddechrau, newidiodd Grommek ei blê – plediodd yn euog i'r cyhuddiadau. Dywedodd Grommek hefyd ei fod yn barod i wneud datganiadau yn erbyn unrhyw blismon a fyddai'n cael ei gyhuddo mewn cysylltiad â'r ymchwiliad.

Felly fe wnaeth tri o bobl gyfadde eu bod wedi dweud celwydd 20 mlynedd yn ôl. Mae'r achos yn dal i rygnu ymlaen. Mae Tri Caerdydd, John Actie, a theulu'r diweddar Ronnie Actie – a fu farw ym Medi 2007, yn 49 oed – yn teimlo'n rhwystredig. Maen nhw'n aros i weld a fydd unrhyw dditectif yn cael ei gyhuddo.

Fe ddaw'r ateb yn fuan iawn.

Mae'r ffrae a gafodd Lynette White gyda Jeffrey Gafoor am £30 wedi cael effaith ddychrynllyd ar ddwsinau o bobl. Neb yn fwy nag ar Lynette a'i theulu, a hefyd ar Steve Miller, Tony Paris, Yusef Abdullahi, a Ronnie a John Actie.

Dyw'r stori ddim wedi dod i ben – er nad yw'r diweddglo dramatig erbyn hyn ddim ymhell iawn i ffwrdd.

Hefyd o'r Lolfa:

Darllenwch am rai o'r achosion troseddol gwaethaf a mwyaf gwyrdroëdig a welwyd yng Nghymru erioed – y cyfan wedi eu hysgrifennu'n iasol gan newyddiadurwr profiadol.

£6.95

ISBN: 798 1 84771 062 8